国家出版基金项目
NATIONAL PUBLICATION FOUNDATION

新时代立德树人理论探索书系　檀传宝 主编

现代性视野下的国家认同教育研究

曾水兵　著

浙江教育出版社·杭州

图书在版编目（CIP）数据

现代性视野下的国家认同教育研究 / 曾水兵著. -- 杭州 : 浙江教育出版社, 2022.6
（新时代立德树人理论探索书系 / 檀传宝主编）
ISBN 978-7-5722-3812-3

Ⅰ. ①现… Ⅱ. ①曾… Ⅲ. ①德育—研究—中国 Ⅳ. ①G41

中国版本图书馆CIP数据核字(2022)第101482号

新时代立德树人理论探索书系
现代性视野下的国家认同教育研究
XIANDAIXING SHIYEXIA DE GUOJIA RENTONG JIAOYU YANJIU
曾水兵 著

出版发行：浙江教育出版社
（杭州市天目山路40号 电话:0571-85170300-80928）
责任编辑：洪 滔
美术编辑：韩 波
责任校对：李 剑
责任印务：陈 沁
图文制作：杭州林智广告有限公司
印刷装订：杭州富春印务有限公司
开 本：710 mm × 1000 mm 1/16
印 张：13.75
插 页：4
字 数：211000
版 次：2022年6月第1版
印 次：2022年6月第1次印刷
标准书号：ISBN 978-7-5722-3812-3
定 价：42.00元

总　序

FOREWORD

最近几年，我经常思考一个问题：我们常常说的“新时代①”究竟是什么意思？

有一种解读——是从国际关系的角度去看问题，说中国正面临着一个“百年未有之大变局”。的确，自鸦片战争以来，整个世界与中国的关系确实发生了翻天覆地的变化。当我们的GDP总量排名世界第二以后，外部世界对我们不适应，我们自己在心态上也没有准备好——我们整体上还不知道作为一个世界大国的国民应该如何自处、如何看待和处理我们自己与世界的关系。

我个人认为，对于中国人而言，所谓“新时代”，一个很重要的方面是指“物质丰裕”的时代。

是否进入了一个物质丰裕的新时代，我们要看一看客观数据。比如，我国人均GDP已经超过1万美元；恩格尔系数，即居民家庭中食物支出占消费总支出比重也已达到富裕社会的水准。中华人民共和国成立之初，我国城乡居民的恩格尔系数曾高达80%，改革开放初期也超过60%，那时中国是典型的贫穷国家。但到2019年，我国城乡居民的平均恩格尔系数已经下降到

① 中国共产党第十九次全国代表大会工作报告中指出：“这个新时代，是承前启后、继往开来、在新的历史条件下继续夺取中国特色社会主义伟大胜利的时代，是决胜全面建成小康社会、进而全面建设社会主义现代化强国的时代，是全国各族人民团结奋斗、不断创造美好生活、逐步实现全体人民共同富裕的时代，是全体中华儿女勠力同心、奋力实现中华民族伟大复兴中国梦的时代，是我国日益走近世界舞台中央、不断为人类作出更大贡献的时代。中国特色社会主义进入新时代，我国社会主要矛盾已经转化为人民日益增长的美好生活需要和不平衡不充分的发展之间的矛盾。我国稳定解决了十几亿人的温饱问题，总体上实现小康，不久将全面建成小康社会，人民美好生活需要日益广泛，不仅对物质文化生活提出了更高要求，而且在民主、法治、公平、正义、安全、环境等方面的要求日益增长。”

28.2%（其中城镇为27.6%，农村为30.0%）。按照联合国的标准，恩格尔系数进入20%至30%区间的社会就进入富裕社会了。所以，虽然我们跟发达国家比仍有较大差距，但若以恩格尔系数为参照，我们的确已经进入了一个物质上相对丰裕的新时代了。

如果从物质丰裕这个时代特征去看，中国社会目前所遭遇的就不只是“百年未有之大变局”了——因为中国历史上从来没有一个强盛朝代的恩格尔系数曾经低于30%。就是说，我们已经告别了一个非常漫长的物质匮乏的历史时期，进入了一个绝大部分国人再也不用为温饱问题操心的全新时代。中国教育事业也因为国家经济实力的增长而不断进步。比如，21世纪初中国已全面实现了九年义务教育。中国的人口基数庞大，让如此规模的适龄儿童少年全部接受九年义务教育，在世界人权史上无疑具有里程碑意义。

问题是：德育，应当如何迎接一个物质丰裕的新时代？

在物质丰裕的时代，精神的贫乏可能会空前地凸显出来。仔细看来，目前社会上存在的一些“社会病”或多或少都与我们的价值观有关系，与我们的教育、德育有关。虽然都是负面现象，但从另外一个侧面也反映出整个社会对精神世界前所未有的高度关注。依据心理学家马斯洛的需求层次理论，人虽然有基础需要、高级（精神）需要，但不同情况下这些需要对人的行为的支配力是不同的，特定情形下起主导作用的就是所谓的“优势需要”。比如酒足饭饱了，一个人心中所想的可能就是看本书、听场音乐会之类的——他的优势需要就自然从基础需要转移到高级需要上去了。

优势需要的转移与我们的教育、德育有着最直接的关联。传统应试教育的逻辑，其实就是一种应对人类基础需要的“饥饿逻辑”。孩子接受教育的理由，最具决定性的是对生计的考虑。比如我们20世纪60年代在农村出生的这一代人上学就是为了“跳农门”。城里孩子上学的具体理由虽有差异，但考虑生计的逻辑却是一样的。不过，随着时代的发展，上学的逻辑正在悄悄改变。2020年夏天，网民们曾因一个贫困考生填报北京大学考古专业而争论不休。虽然许多人坚持认为这个家境贫困的学子应该选择未来比较有“钱途”的金融等专业，而不是可能清贫一辈子的考古专业，可是那个孩子最后还是勇敢地填报了自己心仪的考古专业——“追梦逻辑”最终战胜了“饥饿逻辑”！这就说明，虽然应试教育的“饥饿逻辑”还在老百姓的观念惯性里顽强存在，但其影响力已逐渐降低了，因为人们的优势需要正在悄悄转移。“你不好好学习，将来靠什么生活?”这样的话，已经越来越难以说服今天的小朋友了。当代中国教育需要从别的方向发力，比如让孩子感受到学习本身的魅力、激发其内在的学习动机等。

从社会的角度看，物质丰裕的时代意味着中等收入群体在不断壮大。由于满足温饱需要已经不成问题，社会大众对尊严、自由、平等、公正、法治等的精神需求自然就会日渐增加。如果社会、教育不能够主动地、自觉地去应对这些新的社会心理诉求，就必然会出现问题。

社会越富裕，人们对自由、平等、公正、法治的需求就会越强烈，教育只能顺势而为。故若从教育的角度看，在一个物质丰裕的时代，由于个人、社会的需求结构都发生了巨大的改变，社会对教育当然就会相应地提出更高的要求——学校应当提供更加优质的教育，教育应当更注意凸显培养健全人格的本体功能。

但迄今为止我们的教育把太多精力放在考分上面，这只遵循了“饥饿逻辑”。今后“饥饿逻辑”可能还会存在，但其重要性一定会下降，因为时代变了。这并不是说以后成绩不重要、高考不重要，而是与人的健康发展相比，工具性的指标不再像以前那么重要。如果学生分数很高，但是心理不健康，人格不健全，当下、未来不幸福，那这样的教育肯定不是我们所向往的美好生活的一部分。目前社会上不少人对“全面发展”的理解有一个严重的误区，认为全面发展就是样样都要学，把个性自由这一全面发展的灵魂忽视了。其结果是，孩子、家长都很“累”，大家都在比拼分数、比拼成绩。如此种种，就完全走向时代发展需求的反面了。

故物质丰裕的新时代的教育，一定是优质的教育，一定是解放人、尊重人，能真正让人的生活品质提高、促进人生幸福的教育。换言之，时代要求教育、德育一定要转型，以应对新时代的诸多挑战。

很多人都没有意识到，在一个物质丰裕的时代，德育反而会面临更大的挑战。

从个体来讲，物质丰裕的时代对德育最大的挑战，当是如何让年轻一代获得生活的意义，能够优雅、幸福地生活，从而摆脱危险的低级趣味，克服“超越性病态”。

马斯洛的需求层次理论还有一个重要概念叫“超越性需要”。他认为，真善美、自我实现等是人的超越性（高级）需要。如果这一需要长期得不到满足，人就会产生“超越性病态”——认为生活枯燥、寂寞、无意义。生活越安逸、富足，我们精神上的苦恼就越多，形成超越性病态的可能性也就越大。在物质丰裕的时代，许多庸俗的东西既浪费了我们的时间，也败坏了我们的道德和审美趣味，但沉迷于此的成人与儿童却越来越多。如何帮助受教育者真正确立积极健康的世界观、人生观、价值观，以克服“超越性病态”、摆脱低级趣味，实乃当代中国德育面临的最大挑战之一。

从社会的角度讲，要回应前述中等收入群体崛起所带来的政治、文化等社会心理诉求，就要大力促进文明社会建设，特别需要加强生命教育、人权教育、公民教育、劳动价值观教育等，其迫切性、教育的重点都已与过去大不相同。比如加强劳动价值观教育，今天劳动教育的意义跟以前不一样了，具体做法也应有所区别。如何让人拥有劳动者的尊严，社会要努力，教育更要努力。从这个角度讲，劳动教育就是人权教育、公民教育。此外，劳动教育也是道德教育——很多人厌恶劳动，因为他没有真正体认劳动的创造性价值，当然也就无法理解劳动的乐趣。新时代劳动教育要特别努力解决的，正是这类问题。

在新时代，我们迫切需要在德育内容、形式、人际关系等方面实现全面的提升。

在德育内容上，新时代要求我们认真开展公民教育、道德教育、真善美教育和自我实现教育等。

实际上，中国近年来一直在内政上努力建设法治国家、弘扬社会主义核心价值观，在外交上也在积极倡导构建人类命运共同体。这些既是中国特色社会主义的政治实践，也是中国特色社会主义的公民教育——因为建设法治国家所内含的法治教育，社会主义核心价值观里的自由、平等、公正、法治等，本就是世界各国公民教育最重要也最普遍的内容。而人类命运共同体意识，也正是国际上通行的全球公民教育的核心目标。物质丰裕的社会既然对中国教育提出了这方面的要求，如果我们不开展社会主义核心价值观教育，不推进法治教育，不进行人类命运共同体教育，那么我们的德育就是与这个时代脱节的。

还有，真善美、自我实现教育等问题也非常重要。让孩子在关注自我的同时也拥有大我，让孩子更多地关注家庭、社会、国家、世界，让孩子更有精气神、追求真善美，从而拥有更豁达的人生，不仅是我们教育的重要使命，更是德育的核心目标。

在德育形式上，新时代要求我们须特别注意构建德育形式的精致与美好。途径之一就是倡导、践行德育美学观，实现真正的德育享用性功能。

有两种极端错误的德育观念：一种是强制灌输的观念。强制学生接受你的价值观，即便你是对的，也已经侵害学生作为道德学习主体的权利与尊严了。更何况强制虽可以一时改变学生当下的行为，但若学生在情感上不接纳，形成逆反心理，价值观教育就很难有实效。另一种是自由放任的观念。完全放手，任由孩子在价值上自由选择，错在把放任当尊重，其结果是忽略了德育。两种极端的德育效果都不会理想。有没有既尊重孩子的主体性，让孩子不反感，又能达到良好德育效果的“中道”方式呢？我曾在自己的《德育美学观》《让德育成为美丽的风景》等书中呼吁：对德育内容、形式做审美化的改造——当我们所教的恰好是孩子们所渴望、所欣赏的东西时，价值引导和自主建构之间的矛盾就自然消解了。这是一种合乎时代要求的教育哲学，也意味着一系列德育改革的具体方法论建议。合乎“中道”的德育观念与方式，当然不只有德育审美化这一个路径。但是德育形式的精致、美好及其对于这个时代的重要性，却是毋庸置疑的。

此外，新时代德育还需要努力构建一种民主、和谐、辩证的人际关系。

教育其实就是人对人的影响。民主、和谐、辩证，是教育中良好人际关系尤其是师生关系的三个关键词。其中特别需要强调的，是“辩证”二字。一方面，民主、和谐的师生关系是现代教育的重要特征。另一方面，正如教育哲学家格特·比斯塔曾经在他的《教育的美丽风险》《超越学习》等书中所指出的：很多人认为学生是顾客，学校是商店，教师则是销售员——教师只需跟在学生屁股后面，学生要什么，教师就给什么，这是对教育的严重误解。须知，没有专业，就没有教育；没有要求，就没有德育。我们对于学生的尊重，一定要有教育性，一定是建立在对其成长具有有效帮助的基础之上的。高品质的德育既需要实现优质德育内容、形式的供给，也需要注意形成一种民主、和谐、辩证的人际关系。

综上所述，物质丰裕的新时代，意味着整个教育逻辑的转换，意味着中国德育在迎来伟大历史机遇的同时也必须直面诸多艰巨的时代挑战。时代的全新格局正需要中国教育理论和实践工作者通过不懈努力，主动、勇敢地面对。而“新时代立德树人理论探索书系”，正是一群教育理论工作者对于新时代立德树人呼唤所做出的严肃、具体的专业回应。

檀传宝
2021年6月6日于京师园三乐居

［本序由丛书主编在第三届“长三角地区中小学德育创新论坛”（2020年12月10日至12日，苏州）上所作主题演讲整理、改写而成。序言保留了平易的表达风格，但仍不失为主编对于新时代德育、教育的理论之思，更可视为与丛书作者、读者的一种别致而真诚的思想对话。］

目　录

CONTENTS

导论

一、全球化背景下国家认同面临的挑战

现代化与全球化是一个复杂的、动态的过程，它牵涉了经济、社会、文化、科学和民族等多重因素。在这个色彩斑斓的场景中，一方面人们固有的价值观遭到颠覆，另一方面不同价值观念之间互相碰撞的概率大大增强，民族融合、国家认同、文化冲突与文化融合等方面引发的社会问题日益突出，国家认同成为一个世界性的焦点话题。在欧洲，欧盟扩大化与欧洲的一体化进程，已经对欧洲人的身份认同产生了重要影响。一方面，人们要对“欧洲人”有身份认同，另一方面，人们又担心自己的国家和民族身份如“法国人”或“英国人”的身份认同因此受到影响。2009年以来，法国作为欧洲一个颇具民族传统意识的老牌民族国家，同时也是现代民族主义发源地，正在大张旗鼓地开展公民国家认同的塑造活动。2009年10月，法国移民部长贝松宣布：从11月2日起，法国将就“国家认同问题”展开为期两个半月的大辩论，辩论的主题是国民身份的认同、法国的价值观和爱国主义等。他认为，所有法国年轻人每年都应该有一次唱《马赛曲》的机会。贝松的倡议是基于对部分法国人潜藏的国民身份认同危机的认识。①2011年4月，美国爆发了一场持续三个多月的“占领华尔街”运动，作为“美国人”的自豪感受到众多年轻人的质疑，让所有美国人反省他们一直引以为豪的“自由民主”的美国制度。②2013年1月21日英国政府科学办公室发布了关于英国人身份认同的研究报告——《未来10年英国人身份认同的变化》(*Future Identities: Changing Identities in the UK——The Next 10 Years*)。报告在最后称，“数字化英国”逐渐减弱了英国人传统身份认同的影响力，未来10年英国

① 于福坚. 法兰西民族的形成及法国国家认同危机的根源[N]. 中国民族报，2009-2-11(8).

② 和讯网. 美国民众发起占领华尔街运动[EB/OL]. http://news.hexun.com/2011/zlhej/ 2011-1-2.

社会的融合度和凝聚力将面临挑战。①

国家认同已经成为一个世界性的话题。随着现代化的发展与国际一体化程度的加深，由此引发的国家与民族认同的问题将日渐突出。首先，领域分界等传统意义上影响国家认同的自然因素在现代化与全球化时代正逐渐淡化，变得不再具有和传统时代一样重要的意义。其次，国家认同已经不再是对国民身份的“绝对同一性”要求，或者是“非此即彼”的选择，而是国民对自身多重角色和多重选择的身份整合。最后，信息网络等技术的发展加速了全球化进程，进一步打破了国家、地域等界限，并将各种各样的甚至相互冲突的价值文化引入网络社会空间，使得构成国家认同基石的核心价值面临风险，个体陷入身份认同的裂变危机。在全球化时代，个体国民身份意识陷入多层次的矛盾交织当中，主体的主观认同与客观成员资格之间甚至存在冲突。全球化背景下个体国民身份认同的复杂化，一方面需要国家的自我建设以提升国民福祉，从而不断地给公民以稳固的安全感，另一方面需要国家通过国家认同教育让公民增强国家归属感和国民身份认同感。正因为如此，推行以国家认同为核心的国民教育是当今世界主权国家的重要职责。世界各国的历史千差万别，国情各自不同，但无论强弱、无论贫富，无不注重通过国家认同教育来培育和增强国民的国家认同感。

二、国家认同教育的国家价值与个体价值

（一）国家认同教育关涉国家安全基础

社会是维系人类生存发展的重要基础。一个社会要健康有序地运转，依赖于作为共同体的社会成员所共有的理念、价值观和行为，而“缺少真正共同的社会里，人们对原生的社会、经济组织的忠诚与对在更大范围内存在的政治制度所具有的公共权威的忠诚是两回

① 杨敏．网络消弱英国人的身份认同[N]．中国社会科学报，2013-1-30.

事”[①]。现代国家是现代社会的产物。基于人们的国家认同，国家内部的个体与集体能够聚合在共同的空间、主权和价值当中。现代国家建设也就是一个共同体的建设，其重要使命就是要创造和实现社会的有机团结、进步与发展。国家认同是一种重要的国民意识，是维系一国存在与发展的重要纽带，也是现代国家“合法化”的根本基础。所有的国家都需要某种集体认同感和共识，缺少这种共识，社会将分崩离析，国家也将走向“溃败”。美国历史学家约瑟夫·R.斯特雷耶（Joseph R.Strayer）明确指出：“国家主要存在于它的人民的内心和头脑中；假如他们不相信它的存在，那么就没有逻辑练习会使它活起来。”[②]

国家认同教育培植国民共同的国家价值、形成共同的国家归属，是国家建构中的重要内容和方式，对于维护国民共同理想、构架国家安全基础具有重要意义。德里克·希特（Derek Heater）在《何谓公民身份》一书中确证了国家认同的重要性以及学校教育承担的必要责任，“国家，它要求有稳定而凝聚的人口，这种人口不能存在由于政党、阶级、宗教或者种族差异等原因所引起的敌意以及由此产生的张力。如果公民具有移情（empathy）或者宽容的美德，潜在的分裂可以被减少，培养这种美德的场所明显是学校”[③]。国家认同教育的必要性和意义随着国家现代化的发展变得越来越突出。面对身份、文化、国家认同的种种难题，现代民族国家都在采取不同的方式，运用不同的载体，努力构建适应本国国情、文化传统、价值观念的公民教育体系，从社会的各个领域合力实施公民教育，增强公民的国家民族认同感。对于由多民族组成的民族国家而言，国家的巩固“取决于各

① [美]塞缪尔·P.亨廷顿．变动社会中的政治秩序[M]．王冠华，译．北京：生活·读书·新知三联书店，1989：28-29．

② Joseph R. Strayer, On the Medieval Origins of the Modern State[M]. Princeton, N.J.: Princeton University Press, 1970：5.

③ [英]德里克·希特．何谓公民身份[M]．郭忠华，译．长春：吉林出版集团有限责任公司，2007：178-179.

民族在保持自身民族认同的同时能否形成更高层次的民族认同，即国土和国民一致的‘国族’认同”[①]。因此，多民族国家都是在公民教育领域中通过加强国家认同教育，使多民族、多种族、多宗教信仰的国家形成以多元性、差异性为前提的具有“共同价值理想”的国家公民。民族国家都会将爱国主义和国家认同教育纳入国民教育体系，并置于非常基础性的地位。一个国家的国家认同其实是一个国家文化软实力的意识呈现，指一种被赋予军事、暴力等“硬实力”所无法企及的具有非凡能量的“软权力”。[②]美国学者约翰·肯尼斯·加尔布雷思（John Kenneth Galbraith）说：“一个国家的前途，不取决于它的国库之殷实，不取决于它的城堡之坚固，也不取决于它的公共设施之华丽，而在于它的公民的文明素养，即在于人们所受的教育。”[③]可见，国家认同教育肩负着维护国民共同理想的重任，也因而成为当今国家构筑国家安全的重要基础。

（二）国家认同教育关涉个体国民身份建构

国家认同不仅仅是国家生存和发展的需要基础，也是生活于现代国家之中每个公民的需求。国家认同意识既是国家的重要“软实力”，也是个体国民身份建构的重要基础。人作为一种社会性的存在物，处于一定的社会关系网络中，具有相互依靠、相互扶持的群居本能。所以人总是希望自己能够成为某个群体中的一分子，被其他成员所接受，获得他人的支持和认可，这种归属感是人的一种基本需要。在现代社会，个人主要依靠国家并在国家的范围内得以生存与发展。国家认同作为重要的社会认同，在保证个人的本体性安全上发挥着非常重要的作用。从个人层面看，具体的社会认同在很大程度上影响着一个人的各种行为和基本偏好。社会认同的成功建构在个人融入社会

---

① 刘跃进. 国家安全学[M]. 北京：中国政法大学出版社，2005：222.

② 李友美，等. 社会认同：一种结构视野的分析[M]. 上海：上海人民出版社，2007：1.

③ [美]约翰·肯尼斯·加尔布雷思. 美好社会[M]. 王中宏，等译. 南京：译林出版社，2000：15.

生活，维护个人的本体性安全，防止本体性焦虑，确立生活和道德的方向感等方面均有重要作用。查尔斯·泰勒（Charles Taylor）在论述认同对个体身份建构的意义时说，认同与道德方向感有本质的联系，“知道你是谁，就是在道德空间有方向感；在道德空间出现的问题是，什么是好的或坏的，什么值得做和不值得做，什么是对你有意义和重要的，以及什么是浅薄的和次要的”[①]。作为伦理学家的泰勒强调认同对于一个社会人的道德定位的重要性。一个人若缺失认同，即出现“认同危机”，就会产生严重的无方向感和不确定性。在安东尼·吉登斯（Anthony Giddens）看来，认同是人寻求自身本体性安全的结果。所谓“本体性安全”，指“大多数人对自我认同的连续性以及对他们行动的社会物质环境之恒常性所具有的恒心，是一种人与物的可靠性感受”[②]。在吉登斯看来，本体性安全实质上是对自然界与社会世界的表面所反映的它们的内在性质这一点的信心或信任，其功能在于控制和排解外在焦虑因素，使个体获得可靠和安全的体验。人从出生的那一刻起就在寻求本体性安全，从心理上理解也就是内心的归属感。马斯洛认为归属的需要是人的生理需要和安全需要满足后主导个体生活的优势需要。它能使个体从群体中获得强烈的肯定和激励，获得心灵上的慰藉和本体的安全。本体性不安全揭示的是人在生存前景方面的“不可知性”和“不确定性”，反映的是引发生存性焦虑的自我失落感以及不可预期感，其实质是一种“自我认同”与“社会认同”危机。

国家认同是所有集体认同[③]中最重要的一面，民族国家既能为个体更好地提供身体安全和心理安全，也能保护个人在国家中追求个人

---

① [加]查尔斯·泰勒. 自我的根源：现代认同的形成[M]. 韩震，等译. 南京：译林出版社 2001：38.

② [英]安东尼·吉登斯. 现代性与自我认同[M]. 赵旭东，等译. 北京：生活·读书·新知三联书店，1998：46.

③ 我们具有多重的集体认同——家庭、职业、党派、地区、阶层、民族、宗教等，而国家认同是诸多集体认同中最为重要的。

卓越感，以及获得国家价值的认同感。美国社会学家盖纳认为："在现代思维中，一个没有国家的人是难以想象的。一个人一定需要有国民身份，就好像他必须有一个鼻子两个耳朵一样。"[①]斯特雷耶在《现代国家的起源》中说："一个没有家庭的人可以有一个合理而完整的生活，对于没有固定居民身份或宗教归属的人也如此。但如果他没有国家，他什么也不是。他没有权利，缺乏安全保障，几乎没有机会去得到有意义的职业。在国家组织之外，不存在所谓的救星。"[②]国家认同感出现危机，个体的情感是非常痛苦的。"国破山河在，城春草木深""山河破碎风飘絮，身世浮沉雨打萍"，个人与国家命运始终紧密相连。国家归属感是每个个体生活中不可缺少的组成部分。而民族国家形成的民族文化和精神是构成每个个体的真实"生活世界"的重要组成部分，也是个体寻找意义和追求价值的"生活世界"的重要组成部分。因此，个体影响着国家，国家也无时无刻不在塑造着每个自我。若个体和国家之间的信任出现严重危机，互不信任，最终将导致自我信任危机，使得个体表现出对自己未来的迷茫，进而发生严重的心理危机。国家认同教育影响到个体国民身份的塑造，关涉到个体本体性安全的建构。"对公民来说，没有认同意识，公民身份只是共同体自上而下的身份赋予，是一种被动接受。"[③]个体与国家之间各种权利义务的实现必然依赖于公民个体对"国家公民身份"的内在认同。属于一个群体和对这个群体有归属感是两回事。一个人在出生时"被规定"为某国公民，但如果没有对国家的认同，其实，还不能成为真正意义上的国家公民。个体国家意识的形成离不开教育。个体在教育中获得个体与国家之间关系的正确认知，认知国家赋予自我的权利，承担个人对国家的义务，并由此产生对国家的认同和使命

---

① 参见：杨毅周．一个中国原则的法理与情感——重建两岸同胞共同的中国认同[J]．历史研究 2007(10)．

② [美]约瑟夫·R.斯特雷耶.现代国家的起源[M]．华佳，等译．上海：上海人民出版社，2012：59.

③ 赵光锐．欧洲公民与国家公民：欧盟双重公民身份问题研究[J]．同济大学学报（社会科学版），2008(5)．

感。面对现代性对民族国家认同的消解以及个体国家认同的危机，国家认同教育是个体获得国民身份认同感和本体性安全的重要途径。

三、研究现状与问题聚焦

（一）国内外研究现状

国外国家认同与国民身份认同教育的研究最早可以追溯到1951年皮亚杰（Piaget）和威尔（Weil）关于青少年国民身份认同认知发展规律的研究。[①]20世纪九十年代，由于世界移民潮与欧洲一体化的发展，欧洲族群认同与国家认同问题日益突出，受到包括安东尼·吉登斯、查尔斯·泰勒、尤尔根·哈贝马斯(Jurgen Habermas)、曼纽尔·卡斯特(Manuel Castells)等在内的政治、法律、历史等领域学者的关注。随着第三波民族主义浪潮席卷全球，加之现代化与全球化的发展，面对身份、文化、国家认同的种种难题，国民身份认同与公民国家认同教育逐渐成为学术界的研究热点。我国香港地区和台湾地区关于国家认同的研究始于20世纪八九十年代，而内地（大陆）关于国家认同的研究大多起步于21世纪初，但是发展迅猛，成绩斐然。其研究手段逐渐丰富，研究视角日益多元，涉及理论与实践、历史与现实、汉族与少数民族等，研究学科涉及政治学、民族学、社会学、人类学、历史学、教育学、法学等。

来自不同学科的学者运用不同学科理论，采取多种视角，围绕全球化视野下的国家认同、公民国家认同教育的相关主题从各个层面进行多维度研究，成果蔚然，这为我们的研究奠定了扎实的基础。

1. 国家认同教育理论流派

关于国家认同的研究，学界有两个主要理论流派，即自由主义国家认同和民族主义国家认同，两者在国家认同的概念、国家认同的基

① Piaget & Weil. The Development in Children of the Idea of the Homeland and of Relation to Other Countries[J]. International Social Journal, 1951(3): 561–578.

础和国家认同教育的模式等方面存在显著的差异。自由主义国家认同理论代表人物有尤尔根·哈贝马斯、约翰·罗尔斯（John Rawls）、弗雷德里克·格罗斯（Frédéric Gros）等，民族主义国家认同理论代表人物有本尼迪克特·安德森（Benedict Anderson）、安东尼·D.史密斯（Anthony D.Smith）、欧内斯特·盖尔纳（Ernest Gellner）等。民族主义论者认为，国家是维护民族文化和保证民族利益的基本组织，国家认同首先是国族认同。人作为天生的社会性动物，国族是个体生存于其中的最高层级的群体，人们对国族所产生的心理归属感是自然的。国家认同是一种回溯式、寻根性活动，国家认同具有道德的优先性。对民族主义国家认同来说，认同的基础包括血缘种姓、历史神话、语言宗教、生活习俗、共同历史文化等。而自由主义国家认同认为，国家只是为了保障私人利益以及防止个人权利被倾轧而建立起来的政治共同体，个体对国家的认同是由于国家满足个体需要的选择性认同。国家认同是公民个体的选择，国家认同的改变与道德无涉。对自由主义论者来说，认同的基础是宪法制度、程序规则、基本人权保障以及公平正义等普遍性规范。①

关于国家认同教育，两种理论产生了两种不同的教育模式。民族主义论者突出国家的文化特征，其教育重心落在历史文化体认和民族精神培育之上。自由主义论者基于个人主义信念，秉承自由、人权、公平正义等原则，强调公民对于国家作为政治共同体的宪政、法律的承认与遵从，国家认同教育重在宪法认同和个体自由精神与公共意识的培养。

2. 现代化与全球化对国家认同的影响

全球化是一把双刃剑，美国知名人类学家乔纳森·弗里德曼（Jonathan Friedman）认为，在全球化背景下，全球认同和民族认同之间存在反向作用。当全球认同增强，民族认同就衰弱；全球认同衰弱

① 参见：江宜桦. 自由主义、民族主义与国家认同[M]. 台北：扬智文化事业股份公司，1998.

时，民族认同则增强。[①]在个体与民族国家认同方面，一种观点认为，全球化正在“去中心化”，结果是民族国家的终结，个体国民身份认同感的逐渐淡薄。全球化带来的“模式化”和“标准化”打破了民族之间的边界，民族走向“同一化”。[②]另一种观点则认为全球化不仅不意味着民族国家的终结，甚至也不意味着民族国家的衰落，反而加强了民族国家身份的认同，因为全球化只有通过民族国家才得以实现。[③]事实上，全球化对国家认同的影响是双重的。全球化中的模式化和标准化一定程度上消解了民族认同意识，同时也凸显了民族文化的差异与冲突。全球化对国民身份认同的影响是多层面的，而非单一的；是双向的，而非单向的。

3. 国家认同与全球公民教育研究

公民身份的层次性问题是与全球化、地区化问题相伴而生的。研究者认为，全球化在挑战民族国家主权的同时，也提升了地区自治的诉求，促进了超国家组织的发展，形成了地区公民、国家公民与世界公民等多维模式。德里克·希特在考察公民身份的历史形成的基础上提出“多元公民身份”（multicitizenship）的概念，并将公民身份划分为“个人—州（state）—国家(nation)—地区联盟（欧盟）—世界”五个层次。[④]这种多层次表明了公民身份内涵的变化，公民身份超越传统的民族国家政治边界，拓展演化为亚国家公民身份和超国家公民身份的结合体，多元公民代表了多元理解、多元忠诚、多元权利和多元责任的要求。

关于全球公民教育研究的代表性研究还有：查理斯(Charles)的《全球理解的公民教育》(*Civic Education for Global Understanding*)，奥

① [美]乔纳森·弗里德曼. 文化认同与全球化过程[M]. 郭建如，译. 北京：商务印书馆，2003: 138，142.

② 参见：[德]乌尔里希·贝克. 全球化危机[M]. 孙治本，译. 台北：台湾商务印书馆，1999.

③ 参见：[英]德里克·希特. 何谓公民身份[M]. 郭忠华，译. 长春：吉林出版集团有限公司，2007.

④ [英]德里克·希特. 何谓公民身份[M]. 郭忠华，译. 长春：吉林出版集团有限公司，2007：119.

克斯法姆（Oxfam）的《全球公民资格》（*Global Citizenship*），戴伟·巴罗斯（David Brows）的《世界公民资格》（*World Citizenship*），达伦·J.欧百伦（Darren J.O'Byrne）的《全球公民资格的维度：超越民族国家的认同》（*The Dimensions of Global Citizenship: Political Identity Bend the Nation-State*），美国学者汉斯·珊特尔（Hans Schattle）的《全球教育与全球公民身份：拓宽公民教育的范围》（*Global Education and Global Citizenship: Widening the Scope of Civic Education*）等。全球化趋势下的全球公民身份如何与传统的、以国家为中心的概念彼此相容，是一个需要智慧和策略去解决的问题。当然，民族国家仍然是当代社会的治理单位，当下的世界公民虽是一个具有理想色彩的概念，但是在日益复杂的世界格局背景下，仍然为我们开示了一个美好的愿景。

4. 个体国家认同的影响因素

一种是从儿童和青少年内部认知发展着手，另一种是从儿童与青少年外部的社会文化环境出发。认知心理学的研究，也就是基于个体认知影响因素研究国家认同意识的形成与发展。国外代表人物有皮亚杰、威尔、奥特（Aout）和道尔（Doyle）等人。认知取向者认为，儿童和青少年的国家认同发展受深层次、根本的认知变化的推动，也就是说，儿童和青少年对社会和世界概念的理解和推理方式使得他们的认知系统产生了发展和变化，青少年国家认同发展依据青少年认同的认知发展规律。这一理论注重内在认知能力的发展，强调个体的自我建构作用，而较少关注儿童发展的社会环境以及社会文化因素。相关的研究表明，儿童和青少年对于本国身份的认同感并不一定随着年龄增长而增长，甚至有些会随着年龄增长而下降，这是认知取向研究的局限性。

另一种社会学视野的研究从个体社会化影响因素上展开研究。国外代表人物有佩纽尔和伦奇（Penuel & Wertch）、利亚扎诺夫（Riazanova）等，国内包括陈晶、严义娟等人[①]。社会取向者认为，儿童和青少年国家认同发展受个体所处地理位置、群体地位（多数群体或少数群体）、社会语言背景等外部社会环境影响，其中父母、教育和大众传媒的影响尤甚。这个理论坚持认为，认同中的许多特有现象（如内群体偏好、外群体诋毁）都可以在社会环境存在的共享表征系统中找到根源，这些现象并不是来源于自己的认知系统。由此，这种观点倾向于强调认同发展中的社会和文化层面，认为认同的形成主要是社会影响的产物，应该从社会文化视角考察儿童和青少年国家认同感的形成与发展。由于不同的理论假设和研究视野，两种研究取向力图从不同维度解释儿童和青少年国家认同发展问题。

5. 我国社会转型时期的国家认同与国家认同教育

（1）我国社会转型时期国家认同面临的挑战

当前我国正处于由传统社会向现代社会的转型时期，在经济取得巨大发展的同时，也产生了贫富差距加大、利益分化加剧等一系列社会问题。全球化和现代化的推进过程中，多元文化的进一步传播又使得人们的价值观体系发生变化，传统信念遭遇挑战，国家的政治认同、文化认同和民族认同受到冲击。一方面，全球化强烈冲击民族国家固有的制度、传统、文化和价值，有时候直接影响国民的身份利益，这引发了人们对传统国家和民族观念的重新思考。[②]另一方面，全球化过程中，西方的影响占据主导地位，西方国家的话语霸权影响力增强，加上西方国家利用全球化推销其国家政治理念，对我国社会主义意识形态造成严重威胁。[③]在文化上，全球化会弱化人们的民族文化认同意识，全球化的趋同性对保持民族文化特性的弱小民族来说，是一种严峻的挑战，本国人民容易陷入“文化的乡愁”[④]。此

① 严义娟. 在内地学习的维吾尔族青少年的民族认同与社会适应[D]. 华中师范大学，2008.

② 俞可平. 论全球化与国家主权[J]. 马克思主义与现实，2004(01).

③ 陈茂荣. 全球化背景下的多民族国家的国家认同危机[J]. 中南民族大学学报（人文社科版），2012(05).

④ 郑富兴，等. 经济全球化与国家认同感的培养[J]. 教育研究与实验，2005(03).

外，全球化过程中西方挟裹的文化输出，以及文化霸权主义，对我国的民族文化安全以至国家文化安全产生了严重的威胁。[①]同时，新媒体的发展、网络异化和生态环境破坏等也对我国青少年国家认同教育带来了不小的挑战。

（2）我国国家认同的建构思路

在现代化和社会转型的背景下，我国学者立足中国国情，基于不同的学科视野，提出不同的国家认同建构思路。李友梅基于社会学视野，从政治认同的三个基础支撑系统——福利系统、意义系统和社会组织系统的完善和发展来重构国家政治认同的基础。[②]李文君、涂浩然等基于文化视野，从国家文化安全的高度，认为应该用中华民族文化构建国家认同文化基础。[③]韩震基于中华民族视野，认为应该超越国内诸“族群民族”，强化多元一体的中华民族观念，形成统一的国家民族意识，构建国家认同的民族基础。[④]马戎认为当代中国国家认同的构建不仅仅要从中国实情出发，也要吸收美国、印度和苏联的民族策略经验，将民族问题的“政治化”趋势改变为“文化化”的新方向，强化“民族—国家”观念，逐步淡化民族观念。[⑤]徐则平从政治学视野出发，认为国家认同是公民认同一个民族国家的宪政制度，并在此基础上效忠于民族国家，而民族国家则担负着保护其公民的生命、安全和基本权利的使命。[⑥]

总体而言，国内外学者围绕现代性视野下的国家认同与国家认同教育问题的研究取得了丰硕的成果。在研究主题上，涉及民族学、政

---

① 宁德业，等. 增进民族文化认同：提升文化软实力的硬要求[J]. 理论导刊，2014(02).

② 参见：李友梅. 社会认同：一个结构视野的分析[M]. 上海：上海人民出版社，2007.

③ 参见：李文君. 基于国家文化安全的中国文化认同建构[D]. 湖南师范大学，2007；徐浩然，等. 全球化时代文化认同建构中的中国文化安全[J]. 前沿，2011(7).

④ 韩震. 论国家认同、民族认同及文化认同[J]. 北京师范大学学报（社会科学版），2010(1).

⑤ 马戎. 了解民族关系的新思路——少数民族问题“去政治化”[J]. 北京师范大学学报（社科版），2004(7).

⑥ 徐则平. 试论民族文化认同的“软实力”价值[J]. 思想理论战线，2008(3).

治学、教育学、网络传播、消费主义、和谐社会和生态环境等方面，体现了研究视野的多样化；在研究方法上，或侧重于社会学、政治学、心理学的角度进行理论分析，或从民族学、人类学视角进行个案与实证研究；在研究对象上，从少数民族的国家认同拓展到普通民众的国民身份认同。我们也要认识到，国家认同是一个境遇性、历史性的概念，西方国家认同有其特有的倾向和聚焦点，例如西方移民的国家政治文化认同，基于不同种族之间的国家认同整合，超国家认同与国家认同，既有大样本的调查研究，也有个案研究和内容分析。国内的国家认同研究多数集中在转型时期国家认同面临的挑战与教育建构，国家认同与民族认同关系研究，青少年国家认同及其建构等，在研究方法上既有理论研究，也有实证研究。

（二）研究问题聚焦

在多民族国家中，民族认同与国家政治认同是一对有天然矛盾与张力的概念，如何处理两者关系事关国家稳定和民族团结。国家认同是民族认同和国家政治认同之间的一个相互作用、相互影响的耦合体。国家既有民族文化特性——体现在语言、艺术、风俗以及宗教信仰诸方面，又具有民主政治特性——集中表现为国家制度、政治观念、法律体系等方面。因此，个体国家认同的建构也是双重的，公民身份的获得既是民族文化心理上归属感的获取，也是政治法律权利上的身份承认。

我国学者徐勇认为现代国家的实质是国家共同体（nation）和国家政权系统（state）的结合体——“民族—国家”（nation-state）。它有两个基本特征，一是民族国家，具有主权边界的（多）民族集体为统一的国家政权所控制；二是民主国家，居住的人民处于主权地位。[①]安德森认为，现代意义上的国家是“民族”与“国家”的融合体，它不仅意味着一块特定的疆域、领土，它更是一个“想象的共同

① 徐勇. “回归国家”与现代国家的建构[J]. 东南学术，2006(4).

体”：“想象的”政治共同体、民族共同体和历史文化共同体。[①]哈贝马斯看到了民族国家的“两幅面孔”，认为民族国家存在着普遍主义（平等主义的法律共同体）和特殊主义（历史命运共同体）的紧张。

现代民族国家作为现代的民族国家共同体，民族提供了共同体的形式，而民主则提供了共同体的内容。盖尔纳认为，民族国家是现代西方的产物，在西方现代性脉络中，民族主义是与自由民主同等的政治正当性原则。对于现代国家中民族与政治民主之间的关系，自由主义和民族主义之争论体现了国家认同中民族认同与政治民主认同之间的冲突与张力。自由主义论者和民族主义论者各执一端，在两者对立之间，我们需要进一步回答的问题是，假如公民的法律地位和民族文化的归属相连接，民族国家是否就能更好地完成一体化使命？[②]上世纪我国著名学者张君劢在阐述其现代民族国家观时，试图在科学与道德、制度与文化的二元分化立场上，建构一个有着独特历史文化内涵的自由民族主义的“民族共和国”，他追求的是以个人自由为基础、具有民主政治内容和民族文化认同的民族国家共同体，不过他所聚焦的“独特文化”是新儒家文化。[③]以塔米尔为代表的“自由民族主义”论者从文化的视角致力于民族国家共同体的重建，力图使这一共同体既是一个普世性的自由民主政治共同体，又是一个有着独特文化认同的民族共同体。[④]哈贝马斯从政治法律视角，立足于“宪政认同”，超越地域、族群和狭隘习惯的束缚，凝聚公民之间的共同感或我们感，建设具有包容性的国家共同体。哈贝马斯的宪政认同思想核心是悬置乃至淡化地区民族认同之间的差异与张力，在更高的法律层次上，寻求不同民族之间的共识，也就是寻求不同民族认同之间个体

---

① 参见：[美] 本尼迪克特·安德森．想象的共同体——民族主义的起源与散布[M]．吴叡人，译．上海：上海人民出版社，2003.

② 参见：江宜桦．自由主义、民族主义与国家认同[M]．台北：扬智文化事业股份公司，1998.

③ 参见：丁三青．张君劢解读——中国史境下的自由主义话语[M]．南京：南京大学出版社，2009.

④ 参见：江宜桦．自由主义、民族主义与国家认同[M]．台北：扬智文化事业股份公司，1998.

的身份交集与共同体的制度依赖。因此，公民的国家认同不再是公民对于既定国民身份的确认，而是建立于超越民族意识的公民意识基础之上的，是基于政治共识的公共空间的拓展。①

从现实来看，现代化与全球化给我们带来的是一个逐渐形成的、涉及全人类的公共生活。哈贝马斯提出要通过国家政治认同拓展公共领域或公共空间，使人们的思想文化超越地域、族群和狭隘习惯的束缚，凝聚公民之间的共同感或我们感，从而培养公民公共意识，哈贝马斯的这一观点，在总体上是适应时代的发展趋势的。但是，在当代社会，民族国家仍然是世界格局的基本治理单位，是影响普通人公共生活的基本社会空间。民族国家使一个人的民族或民族文化归属有了具体的疆域感，使他和某个实实在在的政治社会生存世界联系在一起。民族认同同样是影响到国家重要聚合力的一种群体性认同。一个基于共同利益而结合在一起的的共同体，假如没有相通的文化，能否激起社会个体内部炙热的国家情感？一个在异国他乡生活多年的人，为何心中始终有着挥之不去的故国情怀？因此有学者认为，哈贝马斯提出的过于理性化的宪法爱国主义所提供的社会基础太过单薄，不足以让公民对国家产生热爱。

民族认同与国家政治认同作为公民国民身份认同的两个重要维度，如影随形，对人类历史产生了无可估量的影响。民族认同与国家政治认同的关系，一直是民族国家面临的一对张力。民族问题不时在当代民族国家发展中掀起阵阵波澜，历史上的极端民族主义或者根本无视民族情感的民族虚无主义的阴霾时隐时现。随着现代化全球化的深入，这一潜在危机甚至表现得更为突出，至今仍有国家深陷其中，艰难前行。

怎样去合理看待两种认同之间的关系，认识国家认同教育中政治民主认同与民族认同的关系，以培养理性的爱国者；如何在中国的现

① 参见：Jürgen Habermas. Citizenship and National Identity: the Condition of Citizenship[M]. London: Sage publication,1994.

实语境下将两者统一起来，并基于两者之间张力合理构建我们的国家认同教育，形成有效的教育策略，是当前关系到国家稳定与社会发展的现实课题。

四、本书研究思路与方法

（一）研究思路

本研究基于现代性理论视角来分析全球化背景下国家认同面临的挑战，聚焦国家认同在民族之维与政治民主之维的矛盾与张力，基于认同的人学视野，力图建构民族维度与政治民主维度相融合的国家认同教育理论架构，探索培养理性爱国公民的实践策略与有效路径，最后回到我国的真实语境，探讨我国国家认同面临的挑战以及国家认同教育的建构思路。加上导论，本研究包括七个部分。

第一部分：导论。阐明现代化和全球化背景下国家认同教育对于国家和个体的重要价值。该部分将对国内外相关文献做初步梳理，为进一步深入研究奠定扎实基础，并提出研究问题，介绍本研究的研究思路和方法。

第二部分：现代性与认同、国家与国家认同、民族与民族认同等相关概念。现代性与认同是两个紧密联系的概念。认同问题是随着现代性而凸显的一个现代社会普遍问题。基于已有的文献分析，提出国家认同是个体对国家的依恋、服从、选择与赞同。国家认同包含两个基本层面，一是在有他国存在的环境下，国民构建出属于某个“国家”的“身份感”；二是国家内的公民对管理自己的政权的认同。国家认同具有历史性和民族性特征，其观念也因此在不同国家或一个国家的不同时期有不同的表现形式。民族认同是民族成员在与其他民族成员交往或者接受本民族社会化的过程中，通过与“他族”对比而建构起来的一种对自己民族所属的自觉确认。在现代化和全球化的背景下，民族国家中的民族认同常与国家政治认同相互交织。

第三部分：现代性语境下国家认同面临的挑战。现代化和全球化的发展使社会经济文化出现多样性、流变性和断裂性的特征，现代民族国家[①]在政治、经济、文化等各方面都发生了巨大的变化。一方面，传统上以民族国家为边界的认同被打破，形成超国家、亚国家认同格局相并存的局面。另一方面，现代化国家的合法性危机，一定程度地削弱了公民的政治认同。前者带来的是民族国家主权认同问题，后者引发的是政治民主国家的合法性认同问题。

第四部分：基于民族认同维度的国家认同与国家认同教育。现代意义上的民族与国家是相互依存的。民族国家是在民族的基础上建立起来的，只有公民对“民族”有了认同感，才能对国家产生认同。民族认同的形成，彼此之间凝聚力的增强，使得一定区域甚至不同区域内的公民联合起来共同致力于民族国家的统一与发展。在认同机制上，民族是通过一种特殊的认同机制——历史记忆和文化符号来激发民族成员同属一体的想象。民族认同维度的国家认同教育以民族语言、历史、文化认同为核心，涉及共同血缘、地域、历史等文化心理维度的认同教育。

第五部分：基于政治民主维度的国家认同与国家认同教育。民族国家的建构不仅仅是政治制度的建立问题，也是一个政治文化认同的问题，需要通过公民教育加强公民政治认同教育，形成现代意义上的公民身份与国家认同。政治维度的国家认同教育以宪法认同为核心，涉及人权、民主、法制等共同政治价值维度的认同教育。培养公民对以宪法为核心的国家制度的认同，内容包括国家核心价值观教育、政治常识与民主知识教育。

第六部分：两种认同维度关系与理性爱国者培养。认同问题本质

① “民族”的现象和“国家”的现象在民族国家出现前早已存在，但是民族与国家的同一则是近现代才出现的现象。民族对于国家的建构具有重要的意义。这使得近代民族国家的建立既是政治建构的过程，也是文化融合的过程。同时国家也在改造民族，使之成为人为建构中的“国家民族”概念。本研究所指的民族更多的是超越传统狭隘民族概念的“国家民族”。

是人的各种关系的产物，在现代性语境下，民族性与民主性交织于公民的国家认同问题之中，体现了人的理性与非理性的冲突与融合。现代化视野下的国家认同教育，一方面需要超越狭隘的民族主义，培养国民对其他国家、其他民族、其他文化的宽容与认同，以形成和睦的全球性的民族文化生态。另一方面，又要超越单一的民主主义倾向，培养国民的民族文化感和归属感，凝聚国家力量。

第七部分：现代化进程中中国国家认同教育建构。本研究最后回到社会转型期的当代中国，分析中国语境下国家认同的起源与发展，辨识当代中国国家认同面临的挑战，探讨公民的国家认同教育问题：如何既能传承和发扬中华民族优秀传统品性，又能超越简单的以血缘、语言、宗教、地域等尤其是历史叙事为基本元素的民族认同；如何以社会主义宪法精神为引导，培养既有中华民族品格，传承中华民族优秀传统文化基因，又有社会主义爱国、敬业、诚信等素养，践行社会主义核心价值观的时代公民。

（二）研究方法

国家认同教育是一个跨学科的研究领域，涉及民族学、政治学、哲学、人类学、教育学等学科。本研究在方法论上采用多学科综合研究视角。

（1）社会文化心理与政治法律视角相结合

对于个体国民身份建构的研究，采用社会文化心理视角和政治法律视角结合的方法。一方面，个体身份的获得是文化心理认同的过程，另一方面个体身份的获得又是政治法律权利的赋予过程，两者缺一不可。因此，当代个体国民身份的建构离不开民族文化心理的认同，也离不开自由、公正等政治法律权利的社会政治认同，应该有效融合国家认同教育中民族认同与政治认同之两维。

（2）历史和比较分析相结合

民族是一个历史和变化的概念，民族认同形式是基于不同历史情境性下的民族国家选择。国家的民主政治系统与政治系统的结构和功能的分化紧密联系，并非总是一成不变的，它的变迁是一个历史的动态过程。在全球化背景下，东西方国家民族认同和民主制度的发展与变迁是在结合各自不同国情和历史传统基础上演变而来的。对于我们而言，吸收、借鉴，博采众长，是应有的态度。“历史的方法本质上也是一种比较方法，只不过它们比较的时空不同。”[①]因此，对民族视野中的国家认同和政治系统中国家认同问题的考察既是横向的共时性比较，也是纵向的历时性（diachronique）分析。本文将国家认同与国家认同教育放在历史和比较的视野下考察，凸显其历史性和客观性。

（3）多学科综合运用

认同问题是众多学科聚焦的问题。国家认同与国民身份教育建构的探讨涉及政治学、民族学、哲学、法学、教育学、心理学等。认同本质上是人的关系的产物。本研究特别从人学视野探讨个体国家认同的两种维度的融合问题。所谓人学视野中的国家认同问题，就是把国家认同看成是与具体民族国家情境中人的生存状态息息相关的哲学和人学问题。民族与国家首先是为人的生存而形成与建构的，而不是相反。本研究立足于人的生存价值，从人的存在的理性与非理性分野阐释个体存在于国家之中的民族性和民主性，力图展示民族国家情境中人的历史命运和未来抉择。

① 贾春增．外国社会学史[M]．北京：中国人民大学出版社，2000：36.

第一章 相关概念分析

一、现代性与认同

现代性与认同是两个紧密联系的概念。因为认同问题是一个随着现代性而凸显的现代社会普遍问题。现代性作为一个不断颠覆现有行为方式的进程，催生了个体的主体意识，加速了个体与群体的分离，人们在体验自由的同时也面临归属匮乏和身份认同困惑的矛盾。这里我们首先有必要就现代性和认同这两个概念做一个明晰的分析。

（一）现代性

“现代性”（modernity）作为一种区别于传统性和传统精神的思维方式和精神意识形态，无疑是当今学术研究的热点话题。究竟何为“现代性”，不同学科的学者给出了多种多样的解释方式，定义有几十种之多。总体而言，关于现代性的概念理解不外乎这样几个维度：第一是时间维度的现代性，现代性是特定的历史时期。从时间维度上理解，现代性可以追溯到文艺复兴和宗教改革时期。当时的社会与文化变革引起人们主体性的确立和思想的解放，这是作为主体的人的确立时期。第二是作为文化维度的理解。现代性意味着西方文化中的个人主义和自由主义以及世俗的幸福观念等精神理念。第三是作为政治维度的分析，现代性是一种独特的社会生活和思维方式。“现代性”意味着现代民主制度的建立和追求世俗幸福的生活方式的确立。第四是作为思维方式，现代性意味着追求确定性、本质主义和中心主义。现代性的过程是与科学革命和启蒙运动相伴随的，是对宗教的猛烈批判，用韦伯的话来说，是一个“世界的祛魅”的过程。它改变了人们的思维方式，形成了人的理性意识，催生了主体性意识，产生了现代的自由、平等、博爱等价值观念。现代性的最典型特征就是其“液化状态”，也就是其流动性。现代性的核心是理性、科学、世俗化和人类中心主义。

晚期现代性却成为了一个充满重重风险的代名词。例如，现代性的科学主义意味着人类科技理性可能对自然环境是一种危险；现代性的民主政治也可能走向控制性的集权主义甚至是法西斯主义；现代性的工具合理性，则使人类日益失去精神家园。英国社会学家吉登斯说："我们今天生活其中的世界是一个可怕而危险的世界。"[①]德国社会学家乌尔里希·贝克（Ulrich Beck）认为，现代社会的个体确实从传统的义务和支撑关系中被解放出来，但是代之以劳动市场的生存束缚和作为消费者而拥有的标准化和控制感，使得个体失去人之为人的丰富性和意义性。

现代性意味着对自我的理解由群体主义向个人主义转变。现代性强调个人主义，社会和群体被看作是为实现个人目的而集中在一起的独立个人联合体，自然、社会和国家不再被看作是一个神秘的、充满温情的东西。现代性意味着个体生存世界的"祛魅"。社会成员丧失了共享的政治和宗教传统，每个人都将自身想象成完全自由和独立的自我。个体的行为是基于利益的考量，进入社会的目的无非就是为了实现自己的一己之利。原子化的个人主义成为现代性之隐忧。正如泰勒所认为，遁入现代性"个人主义"中的人们，不再将社会和共同体看作首要的东西，他们强调个人对他者的重要性。这种个人私利主义导致了个体感性的膨胀和对外在公共事务的兴趣的丧失，"自我关注的个人利益至上主义对这种文化产生了不利影响。一旦参与行为衰减了，一旦曾作为媒介的横向联合团体萎缩了，个体公民就会独自面对巨大的官僚国家，准确地讲，就会感到无能为力"[②]。个体参与性减弱反过来又强化了现代官僚国家，这似乎是一个恶性循环。

（二）认同

认同是当前许多学科共同研究的热点问题，其名词形式指涉身

① [英]安东尼·吉登斯．现代性的后果[M]．田禾，译．南京：译林出版社，2000：9.

② [加]查尔斯·泰勒．现代性之隐忧[M]．程炼，译．北京：中央编译出版社，2001：11.

份、属性，其动词形式，意指“我者”与“他者”连接为一体的心理过程。“认同”一词并不是一个已经取得广泛一致意见的简单概念，这个术语常常具有多种不同的用途。有时候它在学者那里享有不同的含义；而有的时候，它又被学者们用其他术语替代。如今，认同是哲学、心理学、人类学、政治学等多学科共同研究的焦点问题。当然，认同概念的内涵和理论角色在不同的学科领域也存在很大的不同。人类学中的认同研究主要强调认同的文化学和生物学本质，研究如何鼓舞和追求群体动力；心理学的焦点是个体认同的心理形成与发展，因此它十分关注认同寻求、认同危机等；政治学领域对认同的研究重点在个体与国家政治结构之间的互动，探讨国家政治认同对国家稳定的影响机制。

从词源学上来说，“认同”一词译自英语名词“identity”以及具有动态含义的衍生词汇“identification”，因此同时具备内在心理上的“认同”与外在行为上的“认同”的含义，前者强调主体的心理活动，后者强调主体的外在表现。保罗·利科（Paul Ricoeur）将这个模棱两可的“认同”概念分为两个次级概念：作为“相同性”的认同和作为“自我性”的认同，前者意味着寻找相同点中和他人或者集体相连接的过程，后者意味着寻找自我独特性、唯一性中和他人或集体相区分的过程，认同是相互矛盾的两个过程关系的统一。[①]李友梅认为认同包含两个对立的意识：“其一，统一性，即‘自我归类’，与他者共有的素质或者状况；其二，个性，即作为一个长期存在的实体的个人所具有的不同于他人的鲜明的个性。”[②]江宜桦从哲学角度提出认同指涉三种不同的含义。第一种含义是“同一、等同”（oneness/sameness），指认定某种事物与另一种事物为相同事物的现象。第二种含义是“确认、归属”（identification）。确认是指一个存在事物辨认自己的特性，从而知道自己与他物不相同，并由此肯定自己的个体

① Ricoeur, Paul. Oneself as Another[M]. University of Chicago Press. 1995：73.

② 李友梅，等. 社会认同：一个结构视野的分析[M]. 上海：上海人民出版社，2007：2.

性。“归属”是指一个存在物辨认出与他物之共同特征，从而知道自己的同类何在，肯定自己的群体性。认同的第三个含义是“赞同、同意”（approval/agreement）。这里表现出明显的意志选择色彩。[①]

“Identity”问题原本是一个传统的哲学问题，之后进入心理学研究领域。心理学意义上的“认同”一词最早由弗洛伊德提出，他认为，“认同”是个人与他人、群体或模仿人物在感情上、心理上趋同的同化过程，是人类比较早的一种情感联系的表现方式。[②]埃里克森在弗洛伊德的基础上对认同的内涵做了新的阐释，提出了“自我同一性”这一概念。他认为“认同”实际上是对于“我是谁”的回答，即在与他者的比较过程中汇总形成的自我认知和自我界定，因此我们可以用自我和他人的关系来界定“认同”。例如我到底是谁，我和别人有什么不同等等，追问诸如此类的问题实质上就是与他者的比较，“认同”是在这种比较中形成的一种自我认知和自我界定，也就是与他人不同的自身独特的特征。埃里克森还认为，认同这个词的主体不仅仅是个体，也可以是群体和社会。保罗・利科指出认同是确认同一性与差异性的两个相反的思维过程，从本质上“认同”这个词是比较性的，它强调自我与他者在一个特定的领域或者在某一焦点上的相似性或者相同性的程度，而“同一性”又指比较中的相异性，也就是在对比中个体或者群体所有成员共享的与众不同的特质。

吉登斯从社会学的角度重新解释认同的含义。他认为认同是“个人依据个人的经历所形成的，作为反思性理解的自我”[③]。认同是个人对社会中自我角色的确认，也就是个体区别于他人的标志。但是自我认同并不是被给定的，“自我认同就是这种作为行动者的反思解释

① 江宜桦．自由主义、民族主义与国家认同[M]．台北：扬智文化事业股份有限公司，1998：9–11.

② 车文博．弗洛伊德主义原理选辑[C]．沈阳：辽宁出版社，1988:375.

③ [英]安东尼・吉登斯．现代性与自我认同[M]．赵旭东，等译．北京：生活・读书・新知三联书店，1998：275.

的连续性”[①]，也就是在个体的反思活动中必须被惯例性地创造和维系的某种东西。更为重要的是，吉登斯在解释“认同”时还把它和自我意义建构联系起来，“关于认同，当它指涉的是社会行动者之时，我认为它是在文化特质或相关的整套的文化特质的基础上建构意义的过程”[②]。因此，认同过程是个体在文化意义上建构自我身份意义的过程。认同具有主体性、社会性和建构性的重要特征。“认同是行动者作为主体对于其自身保持同一以及与他人之间类同所形成的客观身份的主观肯定态度，它是在自我与他人或自我与社会的互动中建构起来的。”[③]认同的本质特征在于，认同必须是相关行为人对自身的看法，认同离不开认知，认同的过程也是主体自我身份的建构过程。认同的危机，实质上就是主体自我身份的建构危机。

二、国家与国家认同

（一）国家

国家是我们习以为常的概念，但是，目前尚未有一个大家普遍接受的定义，到底是谁先提出“国家”这个概念也没有定论。理解国家这一概念是理解国家政治体系的关键所在，因为“几乎目前所有的政治争论、分歧和意见，都是围绕着‘国家’这一概念进行的”[④]。

从词源学来说，“国家”这一概念在我国先秦时期就已出现，《孟子•离娄上》言：“人有恒言，皆曰‘天下国家’，天下之本在国，国之本在家，家之本在身。”可见古代中国的“国家”是天下、邦国和家庭的总称。在英文中“国家”对应三个单词：“nation”、“state”和

① [英]安东尼·吉登斯．现代性与自我认同[M]．赵旭东，等译．北京：生活·读书·新知三联书店，1998：275.

② [英]安东尼·吉登斯．现代性与自我认同[M]．赵旭东，等译．北京：生活·读书·新知三联书店，1998：275.

③ 伍庆．消费社会与消费认同[M]．北京：中国社会科学出版社，2009：12.

④ [英]戴维·米勒，韦农·波格丹诺．布莱克维尔政治百科全书[M]．邓正来，等译．北京：中国政法大学出版社，1992：740.

"country"。"nation"是民族性的国际政治概念；"state"指的是政治学意义的国家，偏重于政权组织；"country"一般是指"nation"和"state"两个概念的结合体。

从内涵上说，国家有这样几种解释：第一是一种共同体。"从柏拉图、亚里士多德、霍布斯等思想家的政治理论经典著作中，可以发现按其内在逻辑而必然提出的关于国家的多种定义，但是他们的工作大多致力于区分作为联合体的国家与其他形式的人类社会。"[①]英国的霍布斯、洛克，法国的卢梭等人提出的契约论是资产阶级革命时期具有重要影响的学说，认为国家的产生是人们让渡自己的部分权利订立契约并共同遵守的结果。第二是神权论。西方在中世纪曾把国家的一切权力归属于神的赐予，认为国家的权力来源于神（天、上帝），统治者是神派来的代表。第三是工具论，认为国家是统治的工具。马克思主义认为"国家是一个阶级压迫另一个阶级的机器，是使一切被支配的阶级受一个阶级控制的机器"[②]。马克思主义用阶级方法给出了国家的定义，认为国家的本质是阶级统治的工具。20世纪德国社会学家韦伯认为："国家是一种持续运转的强制性政治组织，其行政机构成功地垄断了合法使用暴力的权力，并以此维持秩序。"[③]当代知名社会学家吉登斯又进一步完善了韦伯的国家观点。在这里，必须明确的是，韦伯和吉登斯的国家定义都指的是现代国家，是相对前资本主义，即传统国家而言的。

国家的内涵随着历史的发展而发展，人们对国家的认识也随之不断变化，国家的概念体现了历史发展过程中主客体互动的结果，体现了逻辑与历史的统一。早期的国家主要由以氏族、家族、部落和族群等为基础的共同体组成，国家只是由一个个相对独立的政治单元组

① [英]戴维·米勒，韦农·波格丹诺．布莱克维尔政治百科全书[M]．邓正来，等译．北京：中国政法大学出版社，1992：740.

② 列宁．列宁选集：第四卷[M]．中央编译局，编译．北京：人民出版社，1995：49.

③ 转引自王焱．宪政主义与现代国家[M]．北京：生活、读书、新知三联书店，2003：31.

成。现代国家的形成正是将一个个分散的地方性族群组合成一个统一主权的国家的过程。进入现代社会，由于民族与国家的合一，民族与国家变得同一化。现代化的过程也是民族与国家的融合过程。西方学者通常将国家区分为政治意义的国家和文化意义的国家两种类别，前者在德语中称作“willenation”，后者称为“kulturnation”。“willenation”是建立在公民意志基础上的国家，也就是把公民的宪法权利和义务看作是国家的基础。“kulturnation”是建立在语言、族群等意义上的国家，与前者不同的是，其基础是语言、文化、领土等客观标准。

我国学者徐勇认为，界定现代国家的关键词是主权与合法性，并由此引申出现代国家的双重特性：民族—国家（nation—state）与民主—国家（democracy—state）。“如果说，民族—国家是现代国家的组织形式，所要解决的是统治权行使范围的问题，那么，民主—国家则是现代国家的制度体系，所要解决的是现代国家根据什么制度规则来治理国家的问题”[①]。因此，理解现代意义上的国家概念，离不开其形成的基础——民族。但是，为了防止民族独立，消解民族认同与国家认同间的矛盾，现代民族国家构成中的民族不再是指具有前现代性质的种族（ethic group），即具有相同的体质、体貌、记忆、血缘纽带和历史文化传统等特性，而是上升为国家层面的民族共同体（nation），它代表着国家人民和领土的统一，排除了狭隘的阶级与地域观念。因此，现代国家的形成离不开另一个重要基础——民主。

（二）国家认同

如前所述，认同是指自我在情感上或者信念上与他人或其他对象联结为一体的心理过程。简单说，认同是一种归属感。国家认同就是人们对于国家的归属感的状态、性质和表达方式等。对于现代国家理解上的多样化，也带来了国家认同理解上的丰富性。国家认同的概念

① 徐勇．回归国家与现代国家的建构[J]．东南学术，2006(4)：19.

最早出现在20世纪70年代行为主义革命时期的政治学领域，它作为发展中国家政治发展的一项重要内容被提出。我国对国家认同的研究起步较晚，其中台湾地区学者对国家认同的研究早于大陆，他们主要是基于族群理论分析族群认同和国家认同。

江宜桦对国家认同概念进行了较为系统的研究，他基于对认同的理解把国家认同分为三种不同的含义：一是政治共同体本身的同一性；二是个人认为自己归属于哪一个政治共同体的辨议活动；三是个人对自己所属的政治共同体的期待，或者对所欲归属的共同体的选择。他认为："为了精简，笔者姑且定义国家认同为'一个人确认自己属于哪个国家，以及这个国家究竟是一个怎样的国家'的心理性活动。"[①]国家认同最主要的是体现在两个层面：归属层面的国家认同和赞同层面的国家认同。前一层面的认同定位于"公民文化—心理"上的归属何在，后一层面的认同着眼于"公民权利—义务"政治取向上的赞成与否。

佐斌在《论儿童国家认同感的形成》一文中总结了国外关于国家认同感的心理研究，认为国家认同感是人民对自己国家成员身份的知悉和接受，是一个包含许多成分的复杂心理结构系统，这些成分可分为认知成分系统（包括对自己国家和人群的分布地理和区域、历史传统、国民性格的了解和认同）和情感成分系统（指人们对于自己国家和人群的情感、情绪和评价等，如对自己国家身份的主观突显性、对自己国家和人民的依赖程度、归属感、民族自豪感和自尊心等）。[②]

郭艳认为："国家认同，就是在其他国家存在的语境下，人们构建出归属某个国家的身份感。对个人来说，国家认同指个人在心理上认为自己归属于该政治共同体，意识到自己具有该成员的身份资格。对国家来说，指其独特属性以及由此而来的保持该独特属性的权利得到他国的承认。只有同时得到本国国民和国际社会的认同，国家才能

① 江宜桦. 自由主义、民族主义与国家认同[M]. 台北：扬智文化事业股份有限公司，1998：12.

② 佐斌. 论儿童国家认同感的形成[J]. 教育研究与实验，2000(2).

得以存继。”[①]这一定义虽然抽象和简单，但是在内容和表述上有很大拓展空间。

对于近现代中国民族国家的认同研究，学者许纪霖指出有两种争论的观点：这一民族国家究竟是一个政治共同体，还是历史文化共同体?公民对之认同的基础是政治法律制度，抑或公共的政治文化，还是历史传统遗留下来的文化、语言或道德宗教？对于这一争论，许纪霖给出的答案是现代民族国家本身就是一个文化与政治的结合体，是在民族的基础上形成的国家共同体，不仅要有基于民族本身的历史、宗教、语言的文化认同，也要有对法律和政治制度的政治认同。[②]这和学者肖滨的观点具有某种一致性，肖滨通过区分“国家”一词的两种所指——集领土、主权、人口于一体的国家共同体（nation）和集组织、权力、制度于一体的国家政权系统（state），把国家认同归纳为两个方面：一方面是指公民对集领土、主权、人口于一体的国家共同体的认同，另一方面是指公民对国家政权系统的认同。[③]因此，国家认同是指基于文化认同和政治认同的结合体。

新加坡学者符懋濂在《族群认同、文化认同与国家认同》一文中指出要从多种维度来理解国家认同，国家认同是集合国家认同、族群认同和文化认同多重概念的一个耦合体。族群认同是文化认同的基石，文化认同是族群认同的胶合剂，而国家认同是族群认同和文化认同的升华，是属于高层次的认同感。族群认同、文化认同与国家认同三位一体、不可割裂，三者之间存在着相辅相成的关系。[④]国家认同既是一种政治心理现象，也属于政治文化范畴。

国家有两种含义，一是政权统治下的一定疆域和人民的集合，二是政权机构。因此，国家认同包含了两种不同的指向，一是在有他国

① 郭艳. 全球化时代的后发展国家：国家认同遭遇“去中心化”[J]. 世界经济与政治，2004(9).

② 许纪霖. 共和爱国主义与文化民族主义——现代中国的两种民族国家认同观[J]. 华东师范大学学报，2006(4).

③ 肖滨. 两种公民身份与国家认同的双元结构[J]. 武汉大学学报（哲学社会科学版），2010(1).

④ 符懋濂. 族群认同、文化认同与国家认同[N]. 新加坡联合早报，1999-12-21.

存在的环境下，国民构建出属于某个“国家”的“身份感”；二是国家内的公民对管理自己的政权的认同。在个体与国家关系中，个人与国家之间发生情感上的结合，对国家表现出皈依感和赞同感；在政治上表现出对国家政治权威、政治制度、政治价值的理解、赞赏、支持，尤其是积极参与国家政治活动并体现出坚定的拥护；文化上，尊重国家的主流文化（核心价值观）。[①]国家认同还体现在个体与国家之间息息相关、命运相连的关系上，个体对国家取得的成就和荣誉引以为豪，对国家的不幸和灾难表现出同情。总之，国家认同体现了个体对国家的依恋、服从、选择与赞同。

认同的过程体现了主体的身份建构过程。国家认同也体现了主体的国民身份建构过程。国家认同包括民族国家的主权认同，也包括民主国家的合法性认同。民族国家的主权认同，即国民身份认同，就是在有他国存在的环境下，国民成员确认自己属于哪一个国家以及对于这个国家的归属感与依恋感。民主国家的合法性认同，也就是对国家政治法律制度的认同，即公民对现行国家政策、法规和价值体系持有的积极肯定的态度。公民在心理上认为自己归属于国家这一政治共同体，承认自己具有该国成员的身份资格，由此产生的凝聚情感使公民积极地为共同体生活效力，而且在共同体有危难时愿意牺牲自我。

国家认同具有历史性和民族性特征。讨论我国国家认同，要注重理论联系实际，不能局限在基于西方国家经验得出的所谓“普世性结论”。国家的生存环境、发展态势、在国际竞争中所处的地位及在国际事务中所发挥的作用，都会在不同程度上影响国民的国家认知、国际意识及心态。国家认同观念也因此在不同国家或一个国家的不同时期有不同的表现形式。

① 冯建军．公民身份的国家认同：时代挑战与教育应答[J]．社科战线，2012(7)．

三、民族与民族认同

（一）何为民族

民族是一个历史的范畴，是一种普遍的社会现象。人们对民族现象的认识随着社会的发展而发展。民族概念则反映了人们对民族现象认识的思维成果。在人类历史的早期，世界各地均有关于民族的记载。在中国古代就有很多与现代民族类似的概念，尽管当时还具有模糊性和歧义性。《左传》曾经提到："非我族类，其心必异，楚虽大，非吾族也。" 在中国古代文献中，先后出现"民""种""人""类""部""族类""种人""类种""种族""部落""种落"等与民族概念相联系的称呼，南朝顾欢在《夷夏论》中首次使用了"民族"："今诸华士女，民族弗革，而露首偏踞，滥用夷礼。云于翦落之徒，全是胡人，国有旧风，法不可变。"①西方"民族"概念源远流长，可以追溯到古希腊和古罗马。古希腊人表示民族概念的词是"ethnos"，其最初含义是群体和群，表示同一类人的意思。古罗马人表示民族概念的词是"natio"，原指同一出生地，以及具有一定血缘或出身的居民团体。《伊利亚特》一节中有"山居民族""整个民族"的提法，古希腊历史学家希罗多德在《历史》一书中有两百多处使用"民族"一词。这一时期人们会把群体称作"民族""种族""人"等等，但是有一点很明确，民族是指不同语言和风俗习惯的人。随着欧洲社会的发展，人们对民族这一社会现象的认识逐渐深入，"ethnos""natio"等表示民族的最初概念演变成"ethic"、"nation"等术语，此为当今西方民族概念演变的源流。

马克思、恩格斯和列宁提出了有关民族的科学定义。马克思于1842年在《评普鲁士最近的书报检查令》中提到了"民族感"的概念，后又在《路易斯·亨·摩尔根（古代社会）一书摘要》中提出语

① （梁）萧子显．南齐书[M]．北京：中华书局，1972：934.

言、地域是民族形成的必备条件。恩格斯说：“没有一条国家分界线是与民族（nationalites）的自然分界线，即语言的分界线吻合的。”[①]并在《法兰的时代》中指出：“民族形成中，人们对血统方面的记忆越来越淡薄，余下的，仅仅是共同的历史和共同的语言。”[②]列宁认为：“一个民族没有一定的地域是不可想象的。”“民族这个概念是以一定的条件为前提……一个民族应该有它共同的语言。”斯大林在《马克思主义和民族问题》一文中提出了民族的定义，并且在《民族问题和列宁主义》中重申“民族是人们在历史上形成的一个具有共同语言、共同地域、共同经济生活以及表现于公共文化上的共同心理素质的稳定的共同体。”[③]马克思、恩格斯和列宁提出的民族概念具有科学性。同时，民族也是一个发展的概念。随着社会的发展，人们对民族概念的理解也应该不断深化。倘若僵化地理解，或者只是停留于这些字面定义，显然无法解决今天的民族问题。

民族的要素和范畴较为复杂，对民族的定义也是千差万别，但归纳起来可以从“社会群体的主观归属感”和“划分群体的客观标准”这两个角度来定义民族。主观标准派往往从文化的角度来规定民族的范畴，以英国的沃尔森等人为代表。客观标准派坚持族际划分的血缘原则和地域原则，强调民族形成乃是自然产物，以吉登斯和斯密斯等人为代表。然而，如同亚里士多德所言，我们不要在近似领域内表现得太精确、太逻辑。英国历史学家埃里克·霍布斯鲍姆（Eric Hobsbawm）认为：“不论是民族的主观认定或客观标准，都不尽令人满意，反而会误导大家对民族的认识。”[④]法国思想家吉尔·德拉诺瓦（Gil Delannoi）指出：“民族是历史意识和政治意识的工具，应该保留其模糊的特征并使之鼓舞人心。这个盒子里装满了其他东西：世

① 马克思，恩格斯．马克思恩格斯全集：第16卷[M]．北京；人民出版社，1993：176.

② 马克思，恩格斯．马克思恩格斯全集：第19卷[M]．北京：人民出版社，1993：540.

③ 斯大林．斯大林全集：第2卷[M]．北京：人民出版社，1953：294.

④ [英]埃里克·霍布斯鲍姆．民族与民族主义[M]．李金梅，译．上海：上海人民出版社，2000：8.

界观、意识形态……其多样性激动人心。也许正是因为它是空的、矛盾的、朦胧的，每个人都可以在民族的观念中找到他自己装到盒子里的东西。”[①]王明珂认为民族是一种以“文化亲近性”（cultural nepotism）为根基，以“集体记忆”（collective memory）与“结构性健忘”（structural amnesia）为工具，来凝聚及调整人群，以适应现实资源之争的人类社会结群现象。[②]由此可见，合理的民族概念应该体现主观和客观之间的合理张力。人们尝试用一组特定的客观特征，例如共同的历史命运、宗教、领土等来界定民族的存在，但是把这些东西作为民族存在的充分必要条件却是错误的，没有一个民族具备所有这些特征。塔米尔认为，至少有一个因素是将一个群体界定为一个民族所必要的（虽然不是充分的）条件，那就是民族意识的存在。“任何的地域共同体，只要其成员意识到自己作为一个共同体的存在，并希望维持它们的共同体的整体性，就是一个民族。”[③]沃森认为要达到精确的关于民族的定义是不可能的，最多，当“一个共同体中相当数量的成员认为自己形成了一个民族，或者其行为好像形成了一个民族”的时候，就可以说存在一个民族。[④]

由此可见，民族作为一个概念，是随着历史发展而不断变迁的。有人以天生的土地和种族来解释民族，有人认为民族是由传统、语言、风俗、宗教等文化要素所界定的，有人以民族精神或“民族魂”来界定民族，也有人从起到整合协调作用的公共政治组织即国家的角度来把握民族，等等。马克思经典著作中关于民族的定义突破了固定

---

① [法]吉尔·德拉诺瓦．民族与民族主义[M]．郑文彬，等译．北京：生活·读书·新知三联书店，2005：49.

② 王明珂．过去、集体记忆与族群认同：台湾的族群经验[C]．中研院近代史所．认同与国家：近代中西历史的比较．1994：249-274.

③ [以色列]耶尔·塔米尔．自由主义的民族主义[M]．陶东风，译．上海：上海译文出版社，2005：59.

④ Seton-Watson, Hugh. Nations and States:an Enquiry into Origins of Nations and the Politics of Nationalism[M], London: Methuen & Co. Ltd., 1977：7.

血统论的民族界限，强调了民族的历史文化特征。民族不仅是稳定的共同体，还是变动的实体。值得一提的是，安德森给民族下了一个充满创意的定义："它是一个想象的共同体——并且，它是被想象为本质上有限的，同时也享有主权的共同体。"[①]民族不是虚构的共同体，而是与历史文化变迁相关，根植于人类深层意识的心理建构。在安德森看来，民族和民族主义的核心不是"真实与虚构"，而是认知与理解。一切既存或曾经出现的民族认同都是历史的产物，唯有通过客观理解每一个独特的民族认同（包括自我的认同与"他者"的认同）形成的历史过程与机制，才可能真正摆脱傲慢偏执的民族中心主义，从而寻求不同的"想象的公共体"之间的和平共存之道。借鉴上述民族概念的分析，我们对现代民族概念可以做出这样的理解：民族是指历史上形成的和出现的、以共同文化为纽带，由统一于一国之内的人们所构成的统一体。

历史上对民族概念的不同解释，都有其科学性，同时也存在着不同程度的理论缺陷。这本身就说明民族概念是一个不断建构的概念。在实践上，偏执于任何一种定义都有可能陷入"本质主义"的窠臼。随着世界全球化的发展，我们要打破这样一个观念，那就是认为一个民族必须有自己的历史起源，有共同的地域、文化、宗教、艺术、文字、语言，有自己独特的体质、心理素质和个性行为方式，而且这些都是这个民族所独有的，其他民族所没有的。正是抱持这样一种"本质主义"民族观，人们有时会不惜代价把这些民族所共有的东西构建和发明出来，过分强调自己民族的特殊性。"本质主义"民族观念容易将民族固化和"浪漫化"，实践中也可能导致狭隘的民族主义，历史上这样的教训很深刻。

① [美]安德森．想象的共同体——民族主义的起源与散布[M]．吴叡人，译．上海：上海人民出版社，2003：18.

（二）民族认同

“民族”概念的历史性和复杂性，也造成了对“民族认同”这一个概念在理解上的难度。民族认同伴随着民族的形成而产生，作为维系民族的纽带，民族认同一旦形成，便有其长期性、稳定性、变化性等特点。人们通常按照民族认同赖以依存的媒介和标准，将民族认同分为外显和内在两部分。前者主要指民族风俗习惯、语言文字、体制特征、物质文化等，后者主要指精神信仰、人生观、道德和价值观等。一个建立在对自身认同基础上的民族，是一个具有凝聚力的民族。

民族认同发生的前提在于民族之间的交往，成员通过交往形成他族不同于我族的对比，从而确立自己的群体归属。民族是人类群体归属的一种形式，因而民族认同也是人类群体认同的一种。然而它却有着不同于其他认同的两个特殊点：其一，文化是民族认同的基础。文化是包括人们的风俗习惯、行为规范、价值观念以及各种意识形态在内的复合体。不同的群体在不同的生产生活环境中创造了不同的文化内容，正是从这些不同的文化中，人们感悟自我并认识自己的民族归属。文化是民族存在的基础，也是民族认同存在的根基。这一特点使得民族认同比其他认同有着更为持久的聚合力。其二，认同的归结点常常指向血统渊源。民族的要素中不一定存在血缘关系，尤其是现代民族，但人们却自觉或不自觉地将民族与血缘联系起来。

随着现代化与全球化背景下民族国家的发展，民族认同与国家政治认同相互交织，基于传统民族界限的认同标准得以打破，呈现出以下发展趋势：第一，从“公共特质”的一体感的共享到“公共空间”的一体感的共享。从借助于血缘、地缘、体貌、肤色等公共特性而凝成的一体感，到超越这些共同特征，透过他人共享某一公共空间或者人际关系而形成的一体感。第二，从自然因素认同到政治因素认同。从现代国家形成之前的自然共享因素（如社会共同生活中的信仰、习俗等）到现代国家形成之后的政治共享因素（如平等、自由等）。第三，从族群认同、文化认同到制度认同的变化趋势。从基于族裔身份、文化共享的认同，到基于社会政治制度的认同。这些趋势在当今不同的民族国家都有不同的表现形式。但是，民族认同走向国家认同，并不是对民族认同的抛弃，而是将民族认同和政治认同融合起来，这也使得现代民族国家认同变得更加复杂。

费孝通先生把民族认同的发生看作是一种“人己之别”形成的过程。民族认同是一个双向的过程，一方面是对共同之处的辨认与认同，另一方面又是对与其不同特征的排斥与区分。正是由于民族认同这样一种互为反向特征，使得现代民族国家紧密相连的两个概念——公民身份和人民主权——具有了双重性矛盾。一方面，公民身份由于找到共享的文化等基础而紧密联系在一起；另一方面由于找到与对方的不同之处而区分开来，也就是说，对内主权表现为公民的自我统治和自我管理，对外主权又表现为一种自主的民族自决。正因为这种双重性，民族认同对于民族国家的发展来说是一把双刃剑。假如掌握在正义者手中，可以促进民族繁荣、社会稳定、国家发展和世界和平；假如掌握在邪恶者手中，它又可以制造分裂、破坏团结、危及国家安全和国际局势稳定。因此，如何正确认识民族认同的影响，如何合理利用民族认同这一“政治资源”，是民族国家面临的共同课题。

四、国家认同教育与公民教育

如前所述，国家认同是一种重要的国民意识，是维系一国存在与发展的重要纽带，也是现代国家合法化和个体社会身份建构的重要基础。爱国本身就是合格公民的一种必备素质，一个人假如无法认同和忠诚于他的国家，他也就不能被称作合格公民。爱国是一种情感，更是一种能力，无论是情感的培育，还是能力的锻炼都离不开教育。国家是个体成为公民的基本场域，教育所培养的人最终都要融入国家社会，服务国家社会。国家集体认同的塑造离不开国家认同教育，公民国家认同感的培植同样离不开国家认同教育。国家认同教育是等同于公民教育，还是只是公民教育的一部分？这是两个需要明确加以辨析的概念。

（一）国家认同教育

国家认同教育包括广义和狭义两种含义。广义的国家认同教育是国家通过各种教育途径（包括学校、家庭和社区等），强化公民的国家认同感，培植公民的政治认同感、文化认同感和历史认同感，塑造有共同文化、共同价值观、共同语言的公民的过程。狭义的国家认同教育是指学校的国家认同教育，也就是学校通过开设公民课程、社会课程等，或者通过学校的团体活动、文化氛围等，传授有关国家政治制度、民族历史文化等知识，影响青少年学生对国家的政治态度和行为，帮助青少年学生形成正确的国家意识和社会民主意识，培养学生对国家的归属感。学校开展的国家认同教育是最正式、最系统、最有效的途径。国家认同教育不仅要培养公民情感上的认同，还要培养公民理智上的参与。国家认同教育包括民族国家的主权认同教育，也包括国家的合法性认同教育。前者重在培养公民对国家民族的历史认同和文化认同等，引导公民在认识理解民族发展历史的过程中形成正确的民族认同意识，培养公民对国家文化的理解力、判断力与建构力。后者重在培养公民对于国家政治体系的认知、理解与接受能力，以及公民参与国家政治生活的知识与技能，也就是培植公民对国家政治系统及其运作的同向性的情感、态度和行为。国家认同教育根植于一定的历史与民族语境中，具有历史性和民族性特征。国家认同教育在不同的民族国家表现出不同的属性与特征。

（二）公民教育

亚里士多德说过，好公民是教育的结果。公民教育也分为广义和狭义两种。广义的公民教育是指在现代社会里，旨在培育社会所需要的公民的各种教育手段的综合体；狭义的公民教育是指学校教育中旨在培养公民的公民学科。我们可以根据公民教育的目标、内容、途径，从三个方面重点理解公民教育。“有关公民的教育”：强调公民教育的内容，公民教育是对国家历史、政体结构和政治生活过程的认知和理解；“通过公民的教育”：强调公民教育的途径，公民教育是通过积极参与学校和社会的活动来获得公民技能的；“为了公民的教育”：强调公民教育的培养目标，公民教育应在知识与理解、技能与态度、价值与性向等各个维度培养学生，使学生在未来的成人生活中能够真正行使公民的职责。[①]公民教育的概念同样具有历史性和民族性。

（三）国家认同教育与公民教育

培养国家认同意识是公民教育的首要目标。美国心理学者托尼•蒲达（Tomey Purte）指出：“公民教育目标‘通常包括国家的效忠、有关政体的历史和知识、对于政治当局的积极态度、法律和社会规范的服从、社会基本价值的信仰、政治参与的兴趣、政治功效的意识以及政治沟通的技能。’”[②]公民教育旨在培养公民忠于国家、自觉践行公民权利与义务的品格与能力，其主要目标是培养公民意识，包括：国家认同意识、权利与义务意识及公共责任感等。其中，国家认同意识是国家对其所属成员最基本的要求，因而也构成公民教育首要的或最基本的教育目标。

正因为公民教育有助于形成公民的国家认同意识，学者韩震认为，公民教育本质上就是国家认同教育，“所谓公民教育，顾名思义，就是关于公民生活方式、社会规范、文化习惯和价值观养成的教育。从某种意义上，公民教育首先是国家认同的教育，而且本质上就是国家认同教育。”“公民教育的首要任务是为民族国家的巩固和发展奠定基石，塑造民族国家的根基。作为公共产品，公民教育不能用

---

① 参见檀传宝，等. 公民教育引论[M]. 北京：人民出版社，2011：206.

② Tomey Purte, The International Encyclopedia of Education[M]. New York: Pergamon Press, 1985：725.

来制造或扩大差异，而是应该培育共识、塑造共性、形成集体认同。”[①]国家是公民最重要的政治效忠对象。

当然，国家认同教育与公民教育是两个既有区别、又有联系的概念，两者具有不同内涵边界。公民教育注重公民个体人格的发展和完善以及个人在社会行为中的各种素质表现，它表现在公民的法制意识、权利意识、责任意识、独立人格等多方面。国家认同教育不仅仅有育人的功能，即培养人的法制意识、责任意识、国家意识等，还承担着巩固政权、凝聚人心、理顺情绪、化解社会矛盾、引导社会发展等教育职能。它们在培养正确对待公民与国家关系时所要求具有的法制意识、权利意识和义务意识等方面是重合的。但是它们又有相互区别之处，公民教育除了培养公民正确对待与国家的关系之外，还包括引导公民正确对待与他人、群体、社会，甚至与大自然和整个宇宙的关系。而国家认同教育除了个体育人功能以外，还承担着凝聚国家集体认同和促进国家稳定的功能。

最后，就国家认同与爱国主义教育的关系来说，国家认同是爱国主义和爱国主义教育的核心。爱国主义是一个国家、民族生存与发展的重要思想基础，是“千百年来固定下来的对自己的祖国的一种最深厚的感情”（列宁语）。它是人类普遍性的、超越社会不同发展阶段而固定永续的情感。爱国主义的基础是民族共同体对国家的认同和凝聚。相对国家认同而言，爱国主义是一个具有政治、道德和公民政治等多重意义的概念。

---

① 韩震. 论国家认同、民族认同及文化认同[J]. 北京师范大学学报（社会科学版），2010(1).

第二章

现代性语境下国家认同问题的凸显

现代意义上的国家是“民族”与“国家”的融合体，具有民族与国家的同一性，它不仅意味着一块特定的疆域、领土，更是一个“想象的共同体”：“想象的”政治共同体、民族共同体和历史文化共同体。因此，现代国家的概念涉及两个核心维度：民族的和政治的。其实质是国家共同体（nation）和国家政权系统（state）的结合体，我们通常称之为“民族—国家”（nation—state）。[①]现代性视野下的国家认同既包括公民对自己归属于某一国家政治共同体的身份感的确认，也包括公民对自己所属国家的政治制度等的认同。在传统国家的政治边界内，公民对民族国家共同体的归属和认同，都是比较稳定和容易确认的，因为传统社会中每个人的身份和认同都是由既定的外在社会框架所决定的，“其基础是人人都视为理所当然的社会范畴，内在地包含这普遍的承认”[②]。传统国家的政府权力获得是强制性的，其合法性没有必要通过民众的认同来取得。但是，现代化和全球化的发展使社会经济文化出现多样性展示、流变性呈现和断裂性改变，现代民族国家[③]的政治、经济、文化等各方面都发生了巨大的变化，一方面，传统的以民族国家为边界的认同被打破，超国家、亚国家认同格局相并存。另一方面，现代化国家的合法性危机，一定程度上削弱了公民政治认同。前者带来的是民族国家主权认同问题，后者带来的是民主国家的合法性认同问题。

---

① 肖滨．两种公民身份与国家认同的双元结构[J]．武汉大学学报（哲学社会科学版），2010（3）：77.

② [加]查尔斯·泰勒．承认的政治[C]．董之林、陈燕谷，译//汪辉、陈燕谷．文化与公共性．北京：生活·读书·新知三联书店，1998：298.

③ “民族”的现象和“国家”的现象在民族国家出现前早已存在，但是民族与国家的同一则是近现代才出现的现象。民族对于国家的建构具有重要的意义，这使得近代民族国家的建立既是政治建构的过程，也是文化融合的过程。同时国家也在改造民族，使之成为人为建构中的“国家民族”概念。本文所指的民族更多的是超越传统狭隘民族概念的“国家民族”。

一、现代性语境中的认同

认同是指自我在感情上或者信念上与他人或者其他对象联为一体的心理过程，也就是“行动者作为主体对于其自身保持统一以及与他人之间类同所形成的客观身份的主观肯定态度，它是在自我与他人或自我与社会的互动中建构起来的”①。从社会学意义来说，所有的认同都是建构的。既然认同是在个体与社会互动中建构的，那么随着社会结构的变化，人的认同也将随之变化。在前现代社会，基本上不存在“我是谁”这个问题。人的身份在他出生时就被固定下来，而且以后基本上也没有改变的可能性。也就是说，在前现代稳定的社会结构中，人的认同和他的身份具有同一性。泰勒就认为：“在前现代社会，人们并不谈论‘认同’和‘承认’，这不是因为人们没有（我们所说的）身份，也不是因为他们不依赖于别人的承认，而是由于这些东西完全不成问题，根本没必要把它变成一个探讨的问题。”②这一切到了现代社会有了根本性改变。

现代社会是一个流动的社会，在本体意义上具有变迁的性格品质。也就是说，现代社会处于迅捷而激进的变迁之中，并呈全球化、跨时空、多层面流变之势，它打破了旧有的一切固定价值，颠覆了原有的社会结构，借用马克思的话说“一切坚固的东西都烟消云散了”。这种变迁不仅表现在显性可视的经济、政治、科技系统的变迁，也表现在隐性潜在的文化、价值观系统的变迁。现代网络社会的发展和虚拟世界的出现，更是打破了一切传统的界限。现代性和全球化是两个互相紧密联系的概念。全球化是现代性的必然和根本性的结果。“现代性正在内在地经历着全球化的过程”，“现代性的根本后果之一就是全球化”③。当稳定的社会关系和价值共同体被打破，这种相对固定的认同感也将消失，人们在自我意识觉醒后，必然会陷入一

① 伍庆. 消费社会与消费认同[M]. 北京：社会科学文献出版社，2009：21.

② 转引自陈清乔. 身份认同与公共文化[M]. 香港：牛津大学出版社，1997：12.

③ [英]安东尼・吉登斯. 现代性的后果[M]. 田禾，译. 南京：译林出版社，2000：56，152.

种认同的焦虑当中：我（们）是谁？我（们）属于哪里？我（们）究竟处于什么样的位置？我（们）究竟将走向何处？我们对以前似乎从来就不是问题的问题产生了诸如此类的怀疑。认同危机如影随形般缠绕着现代社会。

首先，现代社会催生了个体的主体意识，带来人的自我意识的觉醒。现代化和全球化是一个相互交织的过程。现代化催生了人的主体性，主体性意味着人摆脱外在束缚走向自由的选择性。主体并非个体，即使它是在个体中产生。主体意味着"这种主体性原则的确立，从社会文化层面来看，表现为人借助工具展现自己的主体性力量，并最终通过现代工业生产及其物质和精神成果展现出来；从人的精神层面来看，则表现为每个人试图寻找或者维护自己内心的特殊存在，人不再仅仅是自然或社会群体的一部分"[①]。解放与自由作为现代性的核心价值，激发了个体主动性。认同不是被动地接受某一身份，而是主动参与建构的过程，所以吉登斯把现代社会个体认同看作反思性的规划建构，指出在全球化时代，人们更是陷入选择焦虑的困境中。"现代性的一个明显特征是外在性和内在性这两端之间日益增强的相互关系。一端是全球化的影响力，另一端是个人的调适……如果传统越来越失去它的控制力，那么日常生活就越来越在地方与全球的辩证性互动下重构，个人就越来越被迫在不同的选项中权衡生活方式的选择……被反思性地组织起来的生活规划……成了自我认同建构过程的核心特征。"[②]人在自我觉醒后，在参与社会建构自我的过程中必然产生自我的多重反思，认同因而也成为现代社会的重要问题。

其次，现代社会价值的多元化是导致认同问题的重要根源。卡斯特认为，认同是人们意义和经验的来源。认同起因于主客体之间的相互作用，是主体对客体的认知，以及在此基础上产生的肯定、接受并

---

① 韩震．全球化、现代消费和人的认同[J]．江海学刊，2005(5)．

② Giddens. Modernity and Self-identity: Self and Society in the Late Modern Age. Cambridge: Polity Press, 1991：5.

进而产生的归属感。认同的产生不只是取决于主体是否愿意接受，也取决于客体是否值得接受，是否能够满足主体的需要。只有能够满足主体需要的客体，才可能为主体所接受。价值产生于需要。需要的选择过程总是体现了价值的选择。因此，认同的过程体现了人的价值选择过程。与传统社会相比，现代社会体现了资本、劳动、知识和价值的流动性、变动性和扩张性。传统的权威遭到怀疑和批判，榜样和崇高的东西受到挑战。在一个对既定的态度和价值没有任何质疑的传统社会里，人们都觉得他们在做的事情就是他们应该做的。现代性社会却恰好相反，人们遭遇到了种种和自己完全不同甚至对立的“他者”。吉登斯直言不讳：“现代性的一个特色就是道德沦丧。”[①]“在晚期现代性的背景下，个人的无意义感，即那种觉得生活没有提供任何有价值的东西的感受，成为根本性的心理问题。我们应该依据对日常生活所提出的道德问题的压制来理解这种现象，但它拒绝任何答案。‘生存的孤立’并不是个体与他人的分离……个体的反思性规划创造了自我实现和自我把握的方案。但只要这些可能性被理解为是自我的现代性控制体系的拓展，那么它们就缺乏道德意味。”[②]有个比喻把现代性中人们失去价值导向的迷茫描述得很形象：在现代性和全球化时代，人们像是游客，朝着导游向岛国的游客所描述的天花乱坠的目标走去；人们某种程度上更像是一个流浪者，他们永远在流动中，在奔向未来的路途上；人们也像是一个漂泊者，处于一种无根的生存中。[③]就像帕斯卡尔所描述的那样：我们实际居住在一个奇异的怪圈中，它的圆心无处不在，而圆周却无处可寻。……我们都是旅行者。在这样一个充满了不确定性，价值多元化的社会，人们陷入认同

① [英]安东尼·吉登斯. 民族——国家与暴力[M]. 胡宗泽，等译. 北京：生活·读书·新知三联出版社，1999：37.

② [英]安东尼·吉登斯. 现代性与自我认同[M]. 赵旭东，等译. 北京：生活·读书·新知三联出版社，1998：9.

③ 王成兵. 历史感和界限感：现代性语境中的国家认同问题[N]. 中国社会科学报，2010-8-24（3）.

的困境，“在过去，事态似乎稳定了一些，还可以预测。人们为生存而奋斗，这似乎赋予了生活一些内在意义，目标似乎也比较明确。然而，由于今天技术和财富的泛滥，对大多数人来说，生存已不再是唯一的奋斗目标。在这样的环境里，人们开始思考生存的意义和本质。这时，他们常常发现自己为这一类问题所困惑，诸如：我是谁？我正走向何方？为什么我要去那里？我所干的一切意义何在？真的有必要吗？”①

最后，现代性和全球化带来的世界网络一体化打破了所有界限，将千百万人维系于一个虚拟的网络世界。网络信息技术的发展，彻底改变了我们的生存方式，也改变了我们的思维方式和认同方式，引发了新的认同问题。王成兵认为网络虚拟空间引发了新的身份认同问题。第一，网络信息技术使得人与机器之间的界限越来越模糊，人们产生了对电脑的依赖，人成为电脑附庸从而陷入失去自我的危机。“一方面，人们工作中的机械化的成分越来越多，工作的程度越来越简单；另一方面，机器已经显示出巨大的智能劳动的潜能和前景，使得人类为自己未来在社会上的地位和作用感到忧虑。此外，由于长期依赖电脑操作，人们开始有将电脑中的自我作为真意的自我的趋向，而一旦脱离这种虚拟世界，人们反倒好像找不到自我，迷失了生活的真正意义和方向。”②第二，网络信息技术模糊了自我和他者之间的界限。“在虚拟空间中，人们可以借助虚拟世界对自己的性别、年龄、相貌、身份等进行隐匿和篡改，因此，一个人在虚拟世界中可以同时具有若干个自我。这种多重化的个人身份使自我成为一个非稳定的、破碎的东西，从而使得人们对自我的了解也只能是破碎的……”③第三，网络技术推进了全球化进程，增加了价值冲突概率，弱化了国家和民族认同感。“网上信息的超地段传播，打破了国

① [美]马斯洛等. 人的潜能和价值[M]. 林方，等编译. 北京：华夏出版社，1987：400.

② 王成兵. 当代认同危机的人学解读[M]. 北京：中国社会科学出版社，2004：76.

③ 王成兵. 当代认同危机的人学解读[M]. 北京：中国社会科学出版社，2004：77.

家和地域的界限，人们之间的交往不再受时空的限制，即使是遥远地方所发生的事件及信息也能第一时间获得。然而，在人们交换信息的过程中，不同民族、国家和地区之间的文化和道德冲突也不可避免地达到了前所未有的程度。原先人们所认可的社会制度、价值和文化观念，由于外在价值观念的入侵，逐渐受到怀疑，甚至遭到消解和摧毁。特别是西方价值借助信息技术而广泛传播，对后发国家人们的价值观念产生了严重的影响。”[①]我们不否定网络技术为人的生存带来的进步意义，但是我们也要看到，网络技术和网络世界是对现实的疏离，它消解了现实世界的价值基础，导致个体自我认同的危机，挑战了个人存在的安全感。

吉登斯认为，“在个人本体的安全感被惯例的破裂和普遍化的焦虑置于危险境地这类情境中，就会产生对象认同的各种退步性形式”[②]。当代人的认同困惑是多重的，例如家庭中的身份认同问题，地域中的身份认同问题，社区中的身份认同问题，等等，其中最为重要的认同是民族国家中的身份认同，最大的危机也是民族国家的身份认同危机。因为，在这个以民族国家为单位的生存与发展空间里，身份认同关涉国家的稳定与发展，也关涉现实存在的民族国家中每个成员的生存与发展之切实利益。

二、现代性与民族国家认同问题

民族国家作为一种建立在民族之上的以主权和领土为基础的组织，是现代性的产物。传统的公民身份与国家认同有着内在的一致性。也就是说，公民身份与国民身份是合一的。一个人一出生就被“规定”为某个国家的公民，而且很少有改变的可能性。到了现代社会，随着“民族”与“国家”的同一化，国家既是一个政治法律的共

① 王成兵. 当代认同危机的人学解读[M]. 北京：中国社会科学出版社，2004：80.

② [英]安东尼·吉登斯. 民族国家与暴力[M]. 胡宗泽，译. 北京：生活·读书·新知三联书店，1998.

同体，也是一个共享历史与文化的共同体。公民身份既是平等的法律身份，又是一个由种族和文化所定义的共同体的身份。在现代化与全球化的今天，随着民族国家政治、经济、文化格局的巨大变化，依附于民族国家的公民身份发生了重大变迁，这种变迁打破了传统公民身份与民族国家之间的关系纽带，带来诸多认同问题。

（一）公民身份变迁与个体国民身份认同问题

现代化和全球化作为当今世界的一股不可阻挡的潮流，将所有的民族国家卷入其中。它好似一把双刃剑，促进了现代国家经济与社会发展的繁荣，推进了现代民主国家共同体的建构，同时也为现代国家认同带来前所未有的挑战。现代化之前的传统国家，公民身份与国民身份是合一的。在国家的归属上，个人的选择是很有限的。由于国家社会结构的稳定性，个人对国家的认同感也是固定的。马克思把现代社会之前的这一社会发展阶段概括为“人的依赖关系占统治地位的阶段”，这是因为这一阶段，每个人直接依赖于某一共同体而存在，人们之间的社会联系也局限于某一共同体内部，人们只是在孤立的地点和狭窄的范围内发生地方性联系。例如在中国传统社会，国家是一个以血缘家庭为基础组成的等级分明的大一统的政治社会。它以自给自足的自然经济为基础，很少有商品交换，人们以血缘关系联系在一起，每个人都处于一个固定的社会阶层，出生以后变化的可能性极小。处于这样的社会，人们对民族国家的认同是比较稳定的，人们的自我意识也不强烈，很少对自己的国家归属提出质疑。

当今世界，伴随着全球化时代的来临，公民参与公共生活的范围日益广阔和开放，并已经超出了民族、国家的边界。从当前参与全球化的主体来看，除了民族国家主体以外，还有跨国公司、国家组织、全球公民社会组织、企业和个人等；从关系性质来看，从传统静态、固定化的身份认同向现代动态、流动性的契约关系扩展；从群体组织来看，从传统的群体主体认同向现代类主体认同转变。公民身份不仅体现着个体与国家共同体之间的关系，也体现着个体与其他跨国组织乃至世界之间的关系，国家内部的公民身份也由于民族、地域等因素凸显着前所未有的复杂性。公民身份呈现从单一的国民身份走向融合次国家公民身份、超国家公民身份等为一体的多元化趋势。首先，亚国家公民身份，也就是次国家层次的公民身份，尤其在西方的联邦体制中得到了充分体现。全球化的扩张压力提升了地方自治的诉求，形成了亚国家公民身份（城市公民身份、州公民身份和联邦公民身份)。亚国家公民身份是民族国家公民身份的重要补充，构成了多元公民身份的重要层级。“人们越来越认识到，次国家层次的公民身份，尤其是公民社会的公民身份，在防止和破坏极权主义对个人的奴役方面扮演着重要的角色，并因此为国家层次公民身份的健康发展奠定了基础。”①其次，超国家公民身份包括超越国家的地区公民身份和全球公民身份。例如欧盟建立后，欧洲人便有了两种身份，一种是所属国家的公民身份，另一种是超国家的欧洲公民身份。作为欧洲公民的超国家公民身份的出现，反映了传统的民族国家不再是公民身份认同的唯一来源。同时，伴随着经济全球化，全球环境恶化，生态危机频频发生，也催生了全球共同体和全球公民社会的形成，复苏了古老的世界公民身份观念，公民又被赋予了世界公民身份。

希特认为，公民身份的层次性问题是同联邦制国家和全球化、地区化问题相伴而生的。此前，公民由于只是存在于特定民族国家内部，顶多具有双重公民身份问题。但20世纪晚期以来，全球化在挑战民族国家主权的同时，也增加了地区自治的诉求，促进了超国家组织的发展。它使传统上以民族国家为政治边界的公民身份演化为以民族国家公民身份为核心，亚国家和超国家公民身份同步发展的格局。希特认识到既有的民族国家内的单一的公民身份已经难以解释社会的现实情况，于是提出“多元公民身份”（multicitizenship)，并将公民身份划分为“个人—州（state）—国家(State)—地区联盟（欧盟）—

① [英]德里克·希特. 何谓公民身份[M]. 郭忠华，译. 长春：吉林出版集团，2007：120.

世界”五个层次。[①]郭忠华教授在希特的基础上，把公民身份划分为亚国家、国家和超国家三大层级。这些都表明，公民身份不再是国民身份的“绝对同一性”要求，而是国民对自身多重角色和多重选择的身份整合，以民族国家为边界的认同由此被打破。也就是说，公民身份超出了民族国家的界限，从一元的国家公民身份到多元公民身份，民族国家不再是认同的唯一落脚点。

总之，公民身份认同的多层次性改变了传统的以民族国家为核心的认同界限，国家公民身份受到了挑战，也就是以民族国家主权为边界的公民身份认同受到挑战。正如美国学者塞拉·本哈比（Seyla Benhabit）所言：“现代民族国家体系一直以国家公民身份作为规定其领土范围内成员资格的主要范畴。但我们进入到这样一个时代，即国家规定公民身份的主权受到损害，同时相关的国家公民制度也被分解成各种不同部分。新的成员资格模式已经出现，同时以民族国家为边界的政治传统也不再足以用来规定其领土范围内的成员资格。”[②]这种认同危机既表现为民族国家认同矛盾的不确定性以及主体与他所属的社会文化传统联系的断裂，也表现为社会文化方向定位的缺失。在认同的多重困境中，人们在茫然中不知所措，不知道自己是谁，从而产生观念、心理和行为的冲突及焦虑情绪。

（二）全球化与国家认同面临挑战

现代性与全球化不仅带来个体国民身份认同问题，也带来群体的国家认同问题。全球化进程加快推进了世界共同体的建设，一方面增进了不同民族之间的交流，另一方面造就了不同文化和价值观念的冲突场域，凸显了民族与文化的差异性。由此可见，现代化一方面增强了人们的文化自觉性，另一方面也带来了国家内部群体对国家的疏离

---

① [英]德里克·希特．何谓公民身份[M]．郭忠华，译．长春：吉林出版集团，2007：119-140.

② Seyla Benhabit. The Rights of Others:Aliens, Residents and Citizens[M]. Cambridge: Cambridge University Press, 2004：1.

以及国家身份认同的困惑。加布里埃尔·阿尔蒙德（Gabriel Almond）认为，全球化背景下，“当对准国家单位的认同与对国家的认同发生冲突时，政治共同体的问题就可能成为首要的问题，并造成重大的政治危机”①。后发展国家面临的威胁尤为严重。美国政治学家、知名汉学家白鲁恂（Lucian W.Pye）指出，民族国家的认同危机是转型国家出现的六种危机中“第一位、并且也是最基本的”，“一个新国家的人民需要逐渐将他们国家的领土确认为自己真正的家园，应当感觉到他们的个人认同部分地是由与他们成为一体的有明确疆域的国家来界定的。在大多数新的国家里，从部落到种姓、再到种族或语言集团等各种传统认同形式，都会与一种范围更大的民族国家认同的意识相冲突”②。在现代性语境当中，公民国家认同意识陷入多层次的矛盾中，也由此产生了国家认同危机。

首先，全球化既凸显了社会文化认同问题，也改变了认同的性质，传统的自然、血缘等认同因素的重要性被不断稀释。传统意义上影响国家认同的自然因素，例如领域分界问题，在全球化时代已经变得不再具有同等重要的意义。全球化还一定程度上消解了民族归属意识。乔纳森·弗里德曼就认为：全球认同与民族认同存在着反向作用关系。当全球认同增强时，民族认同便衰弱；当全球认同衰弱时，民族认同便增强，而这是与全球扩张（霸权）的兴衰紧密相连的。正如德国社会学家贝克所指出的，全球化带来了“解民族化”，即全球化带来的“模式化”和“标准化”打破了民族之间的边界，民族走向“同一化”：“在经济、政治、生态、文化、生涯史的经济全球化进程中，上述存在于国家社会空间和认同中的思想、行为和生活的建构崩溃了。世界社会意味着，各种打破并搅乱政治和社会的民族国家正统

① [美]加布里埃尔·阿尔蒙德．比较政治学：体系、过程和政策[M]．曹沛霖，等译．上海：上海译文出版社，1987：39.

② 复旦大学历史学系、复旦大学中外现代化进程研究中心编．近代中国的国家形象与国家认同[M]．上海：上海古籍出版社，2003：127-128.

性的权力机会、社会行动、生活和认知空间。”[①]同时，“国家作为政治公共体的意义越来越明显是一种地区、国家和全球范围的复杂矛盾的综合”[②]。全球化不仅仅消解了国家权力，也消解了民族意识。同时，个体获得了比以前更多的自由选择权，个体的存在与民族、国家之间形成多层复杂的关系必将带来公民个体在文化认同、民族认同、国家认同上的危机。正如吉登斯所言：“比起以往的时代，全球时代的个人身份认同出现了更大的危机，……在全球时代，要弄清自己的身份认同并非一件易事。我们越是卷入全球化的结构中，我们就越是被迫知道自己的积极定位，这是一个连续不断的过程。”[③]

其次，在全球化的时代，公民个体的国民身份认同不再是单一的，而要面临多重选择的多样性身份整合。在全球化背景下，身份的日益多元和流变，使人的同一性不断发生冲突和断裂。公民身份认同既面临着自身与外在他者的矛盾，同时又面临着历史与当下的冲突。国家之间自由来往越来越便捷，尤其是跨国公司，造就了一批多重身份的公民。例如某个跨国公司的员工，可能早上从英国出发，第二天晚上出现在日本的咖啡厅，一天后又到了法国总部的会议室。他的国家认同指向英国，他的文化认同却包括了对外来文化的吸收与接纳，他的社会身份大概是属于跨国公司，如此等等。他的国家身份、文化身份、社会身份就这样复杂地交织在一起。对于移民及其后裔而言，他们往往面对双重身份的矛盾和冲突：一方面是他们原属的民族文化和传统，另一方面是与其原属民族相异的移入国的文化与传统。全球化使国家认同告别传统的单一性，走向多重性和复杂性。国家认同和地域认同、族裔认同、职业认同、文化认同等等这些不同认同之间到底是怎样的关系呢？怎样才能统领或框架其他认同形成一种国家认

① [德]乌尔里希・贝克．全球化危机[M]．孙治本，译．台北：台湾商务印书馆，1999：90-91．

② [英]尼克・史蒂文森．文化与公民身份[M]．陈志杰，译．长春：吉林出版集团有限责任公司，2007．

③ [美]安东尼・吉登斯．全球时代的民族国家[J]．郭忠华，何莉君，译．中山大学学报（社会科学版），2008(1)．

同？我们又如何去保证国家认同在与其他认同同在的背景下不受到削弱？这一系列问题真实地摆在我们面前。

再次，在全球化的时代，个体国家认同已经不再是被动地服从，而应该是基于公民的自主选择结果。传统社会缺乏公民自主表达的渠道和机会，公民的国民身份认同是强制的，而现代社会的国民身份选择逐渐成为自主选择的一项权利。今天，当一个国家公民不想归属于自己的国家，他可以选择其他国家。因此，国家认同建设在这个全球化时代变得越来越重要。换言之，过去的国家认同是一种历史现实，由于缺乏社会民众表达自己利益的合法化渠道，这是一种强制性认同，而现在在历史现实之上增加了某种竞争性，体现了社会公众利益的合法表达。在一个流动化的世界之中，一个大家自觉认同的国家必定是人们愿意生活于其中的国家。在全球化时代，人们可以比较鉴别，即使不能移民他国，也有一个精神归属感的问题。

（三）民族国家未来与国民身份认同

面对挑战，人们对于民族国家的未来提出了两种不同的观点。一种观点认为全球化背景下民族国家将走向“消亡”，人们的国民身份界限日趋模糊，并将最终消失。例如英国学者安德鲁·甘布尔（Andrew Gamble）指出：“当代政治宿命论的一个主要例子体现在有关全球化的著述中。这个全球化的故事是这样的：民族国家的时代已经过去，民族国家已经变成了一种过时的东西，而且正面临着各种它不再能控制的力量。国家正在收缩，权力正从它身上剥离，它将很快失去其塑造重大事件的能力。”①还有一种观点认为全球化背景下民族国家将得以加强，国民身份感将更加强烈。全球化消解了国家权力，又凸显了本土的身份意识，“毫无疑问，随着全球化时代的到来，一些国家的力量的确削弱了。全球化在抽离国家能力的同时，还进一步促进事务本土化的发展。全球化为地方自治和新型地方主义创造了需

---

① [英]安德鲁·甘布尔. 政治与命运[M]. 胡晓进，等译. 南京：江苏人民出版社，2007：27.

求，地方身份认同变得倍受关注……”[①]。虽然“全球化、区域化产生了一些新的跨国的社会变化，但是这并不会导致国际体系的无政府状态，民族国家依然是国家关系的主要行为体”[②]。他们认为，全球化强化了民族国家的竞争格局，激发了民族主义思想，为了在国际竞争中获得更大的优势，人们通过凸显自身民族个性、民族文化意识来加强民族国家团结，增强其民族自信。

虽然随着经济全球化进程的加速，民族国家的边界不断被模糊，世界被我们欣喜地称为“地球村”，未来学家甚至在畅想没有国家的未来大同世界。我们能肯定的是，在可以预见的未来，民族国家将依然在国际社会中担当主导性角色，承担着重要的政治功能。即便是全球化时代，主权国家仍然是履行全球事务的基本单位。正如英国政治学家鲍伯·杰索普（Bob Jessop）所指出的那样：“在当前全球化的以知识为基础的经济当中，民族国家仍然重要，它不是正在消亡，而是正在被重新想象、重新设计、重新调整以回应挑战。”[③]全球化改变了民族认同的性质，带来民族国家的认同危机，但是全球化并不能消解民族国家，超国家认同也无法替代民族国家认同，“也许我们要和安东尼·史密斯同样发问：我们能够真正接受一个没有民族和民族主义的世界吗？民族国家情愿将自己的权力拱手让给一些全洲性或全球性组织，让他们成为人们效忠和情感寄托的对象，这会是可能的事情吗？”[④]全球化没有消除民族国家界限，相反，全球范围内国家与国家之间存在的利益纷争，更加强化了民族国家的公民身份。事实上，对于民族国家的公民来说，对民族国家的忠诚和热爱经过了长期的历史积淀，已经成为隐藏在人们心灵深处的感情，民族认同成为影响人

① [英]安东尼·吉登斯．全球化时代的民族国家[M]．郭忠华，译．南京：江苏人民出版社，2010：9．

② 李明安．试析欧洲认同与民族认同的关系[J]．欧洲研究，2005(3)．

③ [英]鲍伯·杰索普．重构国家、重新引导国家权力[J]．求是学刊，2007(4)．

④ [英]安东尼·史密斯．全球化时代的民族与民族主义[M]．龚维斌，等译．北京：中央编译出版社，2002：13．

们的一种思想文化。例如在欧盟，即使欧洲一体化的进程超越预料，人们对于民族和民族国家的认同远远超过对欧洲的认同。根据一份调查显示：只有不到5%的被调查者认为他们首先是欧洲人；45%的人认为他们根本就没有感到自己的身份中有任何欧洲成分；同时，88%的人非常认同他们的民族和地区。[①]因此，安东尼·史密斯断言："那种认为民族主义不久将被替代，民族即将被超越的预测是愚蠢的。两者仍然是相互依存的世界和大众文化传播不可缺少的因素。"[②]

既然人的生存与发展离不开民族国家，那么个体国民身份的构建仍然是当代人面临的重要主题。由于民族国家是建立在民族基础之上的，国民身份的建构离不开民族身份认同。"'民族身份'是人们体验文化归属的不同形式中的一种，具有特殊的政治和意识形态意义。可见，民族国家作为(现今)世界最重要的政治、经济单元，意味着在民族身份的构建中常常包括大量的、有意识的'文化构建'。"[③]民族国家能使一个人的民族或民族文化归属感有具体的疆域感，使他和某个实实在在的政治社会世界联系在一起。

三、国家合法性危机与政治民主国家认同问题

现代性和全球化不仅涉及国家成员对外——以疆域为界限的民族共同体的选择性认同问题，也牵涉到了国家成员对内——民主政治国家的政治法律制度的合法性认同问题。事实上，现代性和全球化某种程度上消解了国家权力，隐含了国家合法性危机，造成了国民对国家的合法性认同问题。

① [英]戴维·赫尔德，等. 全球大变革——全球化时代的政治、经济和文化[M]. 杨雪东，等译. 北京：社会科学文献出版社，2001：552.

② [英]安东尼·史密斯. 全球化时代的民族与民族主义[M]. 龚维斌，等译. 北京：中央编译出版社，2002：192.

③ John Tomlinsom. Cultural Imperialism[M]. Baltimore: The Johns Hopkins University Press, 1991：69.

（一）合法性危机

“合法性”英文表述为“legitimacy”，国内有些学者也称之为“正当性”,它是一个具有丰富内涵和外延的概念。本文所谓的合法性,主要是指政治权威或政府（广义）的“合法性”，即“政治合法性”，表明政治系统被接受、认可和承认。它包括两个方面的内涵：“一方面指政治系统及其命令是否具有正当性与合理性，另一方面指社会成员是否心甘情愿地服从政治系统的命令、是否认同政治统治的理念和行为。也可以说，‘合法性’这一概念的本质内涵，是指社会成员对政治统治、政治权威或社会规范认可、接受的根据和理由，以及政治系统或统治者如何赢得社会成员的自愿服从，如何论证自己的‘统治权力’”①。民众的服从是统治者获得合法性的前提，韦伯认为：“没有这种基于合法性信仰的服从，单凭其他动机不可能构成一个统治可靠的基础，毋宁说，任何统治都企图唤起并维持对它的‘合法性’信仰。”②一旦政权不为民众所认同，就会产生合法性危机。所谓合法性危机，是“指政治系统的存在及其命令失去了正当性与合理性，社会成员不愿意服从政治系统的命令、不认同政治系统的理念和行为，从而造成社会矛盾、冲突、动荡的危险状态”③。

哈贝马斯认为，所有的合法性思考,主要涉及两个方面的内容,一是价值规范,二是认同机制。尤其是后者，显得尤为重要。任何一个政治系统要向公众证明自己的合法性，都要让公众认同其政治的价值规范，正如哈贝马斯所言：“合法性意味着某种政治秩序被认可的价值。”④国家制度要取得公民的内在认同，根本在于其内在价值符合公民的价值共识。认同性是现行社会成员对现行政策、法规和价值体系的积极肯定的支持态度。政府合法性的获得在于其获得合法性认

① 汪辉勇．公共价值论[D]．湘潭大学博士论文，2008：35.

② [德]马克斯・韦伯．经济与社会[M]．林荣远，译．北京：商务印书馆，1997：239.

③ 汪辉勇．公共价值论[D]．湘潭大学博士论文，2008：35.

④ [德]哈贝马斯．交往与社会进化[M]．张博树，译．重庆：重庆出版社，1989：188.

同。合法性认同是合法性的重要基础。合法性危机的根源在于认同的危机。它根源于行为者对政府行政系统的决策所表现出的不信任感，其行为本身缺乏意义感和价值感，表现为政治上的冷漠、只关注自我的休闲与消费等。对于民族国家而言，其合法性存在于民族国家的成员对它的认同程度，取决于民族国家能否为所辖领域的居民提供自由、安全和保障，能否为人们提供情感上的寄托和文化上的归属。显然，公民对政治国家的认同源于国家对其权利的保护，否则，就容易引起政府的合法性危机问题。

（二）现代性国家合法性危机与国家认同问题

现代性导致了国家的合法性危机。亨廷顿说："现代化意味着动乱。"①传统社会向现代社会、农业社会向工业社会、封闭性社会向开放性社会的转型过程，必然会伴随着新旧体制的冲突、社会结构的失衡、群体利益的差异和收入分配格局的变动，这些都是引发社会和政治不稳定的重要因素。传统社会由于其社会结构的稳定性，尽管其生产力低下，也很容易获得国家成员的合法性认同（当然，这种认同也是强制性认同）。这里说的传统社会的相对稳定性，当然是区别于现代性社会所指的稳定性。我们认为涂尔干的机械团结和有机团结的理论是一个非常好的解释。传统社会是相对同构型的社会，社会要素及其相互关系保持恒定的稳定关系，使得社会政治、经济文化等子系统之间有一种功能上的高度协调性，因此有一种封闭性和相对静止性的稳定性。②这是因为，传统社会中，社会成员的同构型程度较高，他们有相似或相同的价值观和利益要求，社会政治生活具有高度的一致性，个人的利益和要求服从整个社会政治共同体的需要，社会政治结构要素在功能独立性基础上的相互依赖性很低，社会、政治联系的

① [美]塞缪尔·P.亨廷顿．变化社会中的政治秩序[M]．王冠华，译．北京：生活·读书·新知三联书店，1989：41.

② 岳天明．政治合法性问题研究——基于多民族国家的政治社会学分析[M]．北京：中国社会科学出版社，2006：250.

纽带松弛，社会稳定的“整合功能显然是建立在包含着某种公共意识同时又受到这种共同意识规定的社会生活的基础之上的”[①]。当然，在传统社会，统治者的统治权力并不需要民众的赋予和承认，强制力是统治者统治权力的来源。

而到了现代性社会，情况就变得不同了。现代社会是一个民主与开放的时代，统治者的统治权力需要民众的合法性认同提供基础。现代社会伴随着社会结构的分化，社会的差别性和异质性程度的提高，传统社会的色彩会越来越淡，而现代有机社会的色彩越来越浓。[②]现代社会是开放的有机社会，每个人都有着自己不同的利益，传统社会向现代社会的转型加剧了利益冲突，而人的自我意识（包括民主意识）的觉醒，使得社会政治认同的整合变得越来越困难。现代性政治体系的运作难以实现公正、公平，以及达到整合社会经济利益和政治利益的目的。这些都会导致社会成员对原有的政治体系认同的消解或消失,对政治体系产生分离与疏远的情感，并且在行为上不予支持，最后形成与政治体系对立的政治意识和对抗的政治行为的政治状况。现代社会的政治合法性危机主要体现在以下几个方面：

首先是政治参与的积极性匮乏。现代性导致所谓“民主的悖论”，一方面民主的理念在全球广为传播，另一方面人们对民主的幻灭与日俱增。现代西方国家公民，特别是年轻公民参与公共生活的意愿并不高，这已经引起了大家的普遍关注。比如美国的一份报告就显示了当代美国大学生对政治的冷漠状况：“60%的大学生都曾做过某种形式的社会服务，但只有16%的人参加过政府及其与之相关的政治性组织；只有7%的大学生志愿参加政治性活动；64%的大学生不信任联邦政府；74%的大学生相信政治家们怀有自私的动机；87%的大学生

① [法]埃米尔·涂尔干．社会分工论[M]．渠敬东，译．北京：生活·读书·新知三联书店，2000：71.

② 岳天明．政治合法性问题研究——基于多民族国家的政治社会学分析[M]．北京：中国社会科学出版社，2006：250.

认为参与政治性活动之前他们需要获取更多关于政治的实践性信息；86%的大学生承认志愿参加某种社会团体比参加某种政治团体更为容易；几乎所有的学生（97%）都认为‘活动所能带来的快乐’是促使他们行动起来的有效因素，而只有7%的学生认为政治性活动是令人愉悦的。”[①]同样在西欧的许多国家，民众对政治家以及权威机构的信任度也在普遍下滑，只有59%的选民在2001年的英国大选中参与了投票，选民投票率自20世纪50年代以来持续下降。[②]一方面，公共传媒中的公众热衷琐碎的日常生活，远离国家大事；另一方面，低投票率是民众“理性不参与”的一种形式，反映了越来越多的公民因为厌恶政治而疏离政治。

其次是对政府的不信任。传统社会中“君权神授”的政治权力思想不复存在。现代社会转型时期，经济在高速发展的同时也伴随着社会不公、道德滑坡、贪污腐败等社会丑恶现象，尤其是现代社会中部分官员的腐败、渎职等行为，权力和资本的结合等现象，导致政府公信力的下降，民众的认同度降低。以美国为例，1958年，73%的公民认为他们“一贯信任”或者在“大多数时间都信任”政府的行为是正确的，然而到了1972年末，该比例下降到53.1%。下表有力地说明了这种状况。早在20世纪50年代，多数美国人就认为组建政府的主要目的是为大众服务，然而在1972年，持这种看法的民众比例只剩38%，而且，在1973年，美国的国家管理方式引起了66%的民众的不满。[③]在发展中国家，随着经济社会的转型，由于机制体制的不健全、社会阶层分化等因素，政府官员的腐败和渎职严重损害了政府公信力和国家形象，民众的社会认同、国家认同呈弱化趋势。

---

① The Institute of Politics of Harvard University. A National Survey of College and University Undergraduate[R]. The Harvard Political Review, Spring 2001.

② 赵明昊. 英国大选将近 西方“投票民主”渐显疲态[EB/OL]. 中国新闻网 https://www.chinanews.com.cn/gj/2015/04-20/7218512.shtml.

③ 时和兴. 关系、制度、限度：政治发展过程中的国家与社会[M]. 北京：北京大学出版社，1996：234.

美国公民对政府的信任态度（20世纪50—70年代）[①]

年份	1958	1964	1966	1968	1970	1970—1972	1972以后
一贯信任（%）	15.9	14.3	16.9	7.3	6.5	6.8	5.3
大多数时间都信任（%）	57.1	62.3	48.2	54.2	47.3	45.3	47.8
有时信任（%）	23.4	21.9	28.2	36.4	44.2	45.1	44.3
从不信任（%）	----	----	2.5	2	3	5	6
根据情况（%）	----	----	1.3	----	----	----	----
不知道（%）	3.6	1.5	2.9	2.0	1.7	2.2	2.1

最后是政治认同基础的迷失。现代社会是一个价值多元化的社会。多元思想价值观念的出现对社会带来双重影响，一方面，它激发各类思想价值的碰撞，容易形成民主、自由的社会氛围。另一方面，它消解了社会的权威，尤其在社会转型时期，它影响了社会统一意志的形成，也一定程度削弱了社会认同的基础。从某种意义上来说，现代性是对权威的颠覆，可能以往被我们认为神圣的东西，在今天都已经荡然无存了。C.赖特·米尔斯（C.Wright Mills）在其《社会学的想象力》中就指出："今天，许多人丧失了对主流价值的忠诚，又没有获得新的价值，于是对任何类别的政治关注都不热心。他们既不冒进，也不反动。如果我们接受希腊人把完全私人性的人看作白痴的定义，那么一定会得出结论：社会中的许多公民确实是白痴……就意识形态发挥的作用而言，人们常常不介入合法化以及越来越趋于冷漠，

① [美]克罗齐. 民主的危机[M]. 马殿军，译. 北京：求实出版社，1989：73.

是当代西方社会的两个关键的政治事实。”[①]现代社会是一个充满不确定性的社会。英国社会学家鲍曼曾认为，我们今天生活在充满恐惧的氛围中，这是因为这个世界是由不确定、无法控制的规则组成的，个人陷入认同的迷失。现代社会是一个崇尚个人的社会。现代性中的个人主义把个人从传统共同体中解放出来，成为独立的自由个体，同时也切断了个人和共同体的关系，个人成为一个无牵挂的、孤独的原子式存在，处于一种“不受自己未选择之道德或共同体纽带约束的、独立的自我的意志之中”[②]，国家、责任、义务等统统被抛到脑后。

四、现代消费文化与国家认同问题

现代社会的消费文化加剧了认同危机。消费是人的基本生命活动之一。马克思主义认为消费是一切物质生产生活的第一个前提，“人们为了能够创造历史，必须能够生活。但是为了生活，首先就需要吃喝住穿以及其他一些东西。因此，第一个历史活动就是生产满足这些需要的资料，即生产物质生活本身……”[③]从最一般的意义上讲，人一出生就是一个消费者，消费伴随人的一生。消费首先是被看作一种经济行为，消费问题一直作为经济学的问题而存在，这种看法一直延续到近现代。但是，当消费被视为对物品的消耗，并总是与人的“基本需要”密切联系的时候，对于消费的这种“使用价值消费”的理解也就暴露出很多局限。随着资本主义生产的发展和商品的繁荣，人的消费不可能仅仅是一种为了维持生理意义上需要的活动，人对物品的需要也不可能满足于物品的使用价值，在很多情况下，人的消费不以功利和实用为目的而有着丰富的文化内涵。消费除了具有满足人的基本需要的功能以外，它还可以是一种不以功利和实用为目的的文化活

① [美]C. 赖特 · 米尔斯. 社会学的想象力[M]. 陈强，等译. 北京：生活 · 读书 · 新知三联书店，2016：46.

② [美]迈克尔 · 桑德尔. 民主的不满：美国在寻求一种公共哲学[M]. 曾纪茂，译. 南京：江苏人民出版社，2008：237.

③ 马克思，恩格斯. 马克思恩格斯选集：第1卷[M]. 北京：人民出版社，1972：32.

动，因此，消费也是一种文化现象。消费“其旨趣不在经济现象的量化，无法在消费行为与其他因素间找出数字表示的函数关系，只能做主观的推断。一个人的欲望受到文化的界定，不同文化背景的人，其欲望也会不同，满足欲望的方式也会不同；物品的消费本身就是一种人际关系、社会义务；物品价值的决定在于使用者的判定，而使用者的判定又受到文化的影响”[①]。随着现代化进程的加快，现代消费开始从使用价值的消费走向对符号和象征意义的消费，而消费的实用性日益地被文化象征意义的消费所淡化。

因此，到了现代消费社会，商品已经超出了简单满足人的自然生理需要的功能价值而具有了更多的社会符号意义。消费成为自我认同的外在标志，而自我认同是消费的内部依据。[②]消费文化“遵循快乐主义，追逐眼前的快感，培养自我表现的生活方式，发展自恋和自私的人格类型”，而“一旦消费的私人化成了构成自我的唯一手段，风格和时尚便会成为高度个人化的和不断变化的认同的源泉，人的认同会被这些变化不定的消费商品或明星、广告和科学幻想人物的媒体图像的‘个人化’‘符号化’之类东西所左右，这所导致的后果往往是人们自觉或者不自觉地以此来弱化或者代替阶级、性别、人种、民族和国家等诸如此类的社会和集体认同”[③]。随着大众消费时代的深入，人们常以消费模式作为判断自己人和其他人的主要标志，他们更多是基于喜欢的运动、食品、服饰和生活方式来建构认同感，而职业、种族、政治观念这样一些传统的区分社会阶层的因素渐渐淡化，比如说，年轻人越来越喜欢通过参加各种娱乐团体来寻找自己生活方式上的同类，他们一起旅行、冒险、运动而成为同伴，但是互相之间可能很少会重视和有意探问对方的职业、家庭出身或者政治信仰等。对此，英国学者迈克·费瑟斯通（Mike Featherstone）在《消费文化

① 陈坤宏．消费文化理论[M]．台北：扬智文化事业股份有限公司，1996：1．

② 韩振．全球化、现代消费和人的认同[J]．江海学刊，2005(5)．

③ 王成兵．略论消费文化语境中的认同危机[J]．学术论坛，2004(2)．

与后现代主义》一书中指出："我们的社会正在迈向一个没有固定身份团体的社会，在这样的社会中，选择生活风格（体现在你选择的衣服、休闲活动、消费品与身体装饰品）不再需要配合固定的身份团体。"[①]个体国家与集体认同在消费世界的体验中陷入"碎片化"。这时，所谓国家、集体、责任诸如此类的问题只能成为消费社会的附属品。在全球市场化、文化产业化的大潮中，似乎让我们看到个体观念、价值观的同质化和单一化趋势，你、我、他们等概念的区别似乎都不存在了，个体与群体认同出现了混乱，认同的无意义感四处弥散，现代人陷入"我是谁"的无尽困惑中。

如上所述，现代性视野下的国家认同危机实质上包含了公民对民族国家的认同危机和公民对于民主国家的合法性认同危机。由于现代民族与国家融合，公民的民族国家认同与民主国家的合法性认同相互影响、难以分割。面对危机，建构以"民族"为核心的民族认同基础以及以"民主"为核心的政治认同基础，并达成两者之平衡与互构以构筑国家认同基础，是现代国家稳定与发展的必然要求。通过教育培养既有民族认同感又有政治民主认同感的爱国公民，成为现代国家的重要职责。

① [英]迈克·费瑟斯通．消费文化与后现代主义[M]．刘精明，译．南京：译林出版社，2000：83.

第三章

民族认同与国家认同教育

现代意义上的民族与国家是相互依存的。一方面，民族认同使得民族国家取得国家的形式，“民族国家的本质要求，就是民族对国家的认同。没有一定程度的国家认同，一个国家就不可能取得民族国家的形式”[①]。另一方面，民族又是民族国家形成与发展的重要基础，民族的发展又离不开国家强有力的支撑来做后盾，“民族的发展要通过国家来实现，从而维护本民族生存发展的意识必然要发展到维护国家生存发展的爱国意识”[②]。民族国家的存在是民族以统一的国家为标志和认同核心的，它的基础在于民族性。美国历史学家C.E. 布莱克（C.E. Black）认为，现代民族国家高度依赖于其公民的各种形式的认同与合作，而共同的历史经验和语言等民族文化要素则是民族国家获得支持的基础，民族主义已被证明是巩固公民对国家的忠诚的“最有效的工具”[③]。面对全球化时代民族国家认同危机，国家认同的重建首先有赖于培植稳定的民族认同感，而教育将致力于促进新的更加稳固同时又更加包容的民族认同的形成。

一、民族主义与现代民族国家

研究现代性视野下的民族国家认同问题，首要的问题是要弄清楚什么是民族国家，民族与国家是怎样融合在一起的。现代化推动了民族认同的兴起，后者构成了民族主义存在的基础。对于现代化与全球化背景下民族国家的建构与发展，民族主义是一个不能绕开的话题，甚至可以说，没有民族主义就没有民族国家。

---

① 周平．论中国的国家认同建设[J]．学术探索，2009(6)：36.

② 郑志发．经济全球化视域中的爱国主义教育[D]．广州：中山大学，2005：26.

③ [美]C.E. 布莱克．现代化的动力——一个比较史的研究[M]．景跃进，等译．杭州：浙江人民出版社，1989：11-15.

（一）民族国家及其本质特征

“民族”的现象和“国家”的现象在民族国家出现前就已存在，但是民族与国家的同一或者边界的重合则是近现代出现的现象。民族与国家的建构是互相作用的。这使得近代民族国家的建立既是政治建构的过程，也是文化融合的过程。同时，国家也在改造民族，使之成为人为建构中的“国家民族”概念。民族成员通过成为国家公民并获得国家赋予的各种权利和保障，在现代化的进程中获得生存和发展的更好环境。民族则是国家获得合法性的重要来源和基础。戴维·米勒（David Miller）就认为，民族国家中民族自决既有文化的一面，也有政治的一面。并且，这两个方面是相互依赖、相互交织在一起的。一方面，共同的民族认同感为公民提供了互相信任的基础，它使得一种真正意义上的商议民主成为可能。另一方面，只有公民们拥有了政治上的自主权，他们才拥有真正有力的资源去维护共同的文化认同。

事实上，民族与国家具有天然的联系，民族与国家的融合是必然的，因为民族具有天然的政治属性。民族作为一种稳定的人的共同体，一定处于一定的社会关系当中，这种社会关系当然离不开政治关系。正如米勒所说：“民族必须有祖国。……民族作为行动的群体，他们渴望实施的行动必须包括占据地球的某一表面。正是这个领土要求使得民族和国家结成亲密关系。”[①]就民族的产生而言，民族的形成依赖于其内部的社会组织的权力的作用。就民族的发展而言，各个民族为了争取、实现和维护自己的利益，通过对社会的公共权力体系提出各种各样的要求，从而形成各种政治关系。通过成为“民族”中的成员，个人才被赋予公民的权利和义务。只有成为“民族”中的成员才能成为公民，并得到只有民族国家才能赋予的公民权这种现代性的种种实惠。乔治·莫德尔斯基（George Modelski）就认为，民族国家是“保护确定的共同体抵御有害的全球性影响，特别是抵御国家控

① [英]戴维·米勒．论民族性[M]．刘曙辉，译．南京：译林出版社，2010：25.

制力量之外的政治及其他事态之有害影响的一个装置”[①]。

民族国家意味着民族与国家深刻的共生性。因此，民族国家既具有民族性特征，又具有民主性特征。国家的本质特性是它的阶级性，这是马克思国家学说的基石，此外，国家还有民族性特征。之所以说国家具有民族性，王希恩认为，第一，国家不论在地域上还是人口上都属于特定的民族；第二，国家总是代表和维护特定民族的利益；第三，每个国家，即便是成分复杂的多民族国家，都对国民有一种天然的族性规约。[②]“只要国家和民族在思想意识上与已经建立组织、统治民间社会的国家和民族相吻合，那么国家方面的政治就是民族方面的政治。”[③]民族常“以国为家”，把国家的生存、自主和发展视为自身的最高利益。民族与国家的同一也是现代性的产物。现代国家通过其暴力工具，实现民族主权统治。正如吉登斯指出，只有现代民族国家（nation-state）的国家机器才能成功地实现垄断暴力工具的要求，而且也只有在现代民族国家中，国家机器的行政控制范围才能与这种要求所需的领土边界直接对应起来。这使得吉登斯认识到，传统国家与绝对主义国家的现代发展必然产生现代民族国家的形式。吉登斯用“反思性监控”的全面化这一特征来反映民族国家与前两者的根本区别。他给民族国家下了一个经典的定义：“民族国家存在于由其他民族国家所组成的联合体之中，它是统治的一系列制度模式，它对业已划定边界（国界）的领土实施行政垄断，它的统治靠法律以及对内外部暴力工具的直接控制而得以维护。”[④]吉登斯特别强调现代民族国家的主权控制能力。也正是在这个意义上，民族国家也被视为现代的

---

① George Modelski, Long Cycles in World Politics[M]. Seattle: University of Washington Press, 1987: 208.

② 王希恩. 民族过程与国家[M]. 兰州：甘肃人民出版社，1998：293.

③ [英]埃里克・霍布斯鲍姆. 资本的年代（1848—1875）[M]. 张晓华，等译.南京：江苏人民出版社，1999：122.

④ [英]安东尼・吉登斯. 民族—国家与暴力[M]. 胡宗泽，等译.北京：生活・读书・新知三联书店，1998：147.

基本政治组织单位。民族国家等同于现代国家。[①]

受传统文化观念的影响，近代以前的中国人并没有现代的民族和民族国家观念，只有代表传统秩序家国一致的“天下观”“华夷观”。直到近代鸦片战争以后，在内忧外患的背景下，源自欧洲的民族国家观念才逐步进入中国人的主体意识，正如费孝通所说：“中国民族作为一个自觉的民族实体，是近百年来在中国和西方列强对抗中出现的，但作为一个自在的民族实体，则是在几千年的历史过程中形成的。”[②]民族和民族国家观念的形成和建构既是救亡图存背景下中西文化撞击的产物，也与近代中国先进知识分子对民族国家思想的传播分不开。

（二）民族主义与现代国家的建构的双重作用

现代民族国家的建构与发展，总是离不开民族主义。民族主义一词在1774年就开始出现在德国哲学家约翰·赫尔德（Johann Herder）的著作中。但如同民族的概念存在争议一样，民族主义也没有一个普遍适用和广泛认可的定义。美国历史学家和外交家卡尔顿·海斯（Carlton Hayes）曾经断言：“对爱国主义、民族性和民族主义的属性和历史的完整且系统的研究，在任何语言中都不存在。”[③]也如民族主义研究大师汉斯·科恩（Hans Kohn）所言，民族主义在不同的国家和历史时期是不一样的。它是一个历史现象而且取决于不同地区的政治理念和社会结构等多种因素。

梁恩荣等学者把民族主义区分为五种类别，即：普世性民族主义、公民民族主义、文化民族主义、反殖民民族主义和极端民族主义。[④]事实上民族主义有着不同的表现形态，可以基于情绪和情感，

---

① 参见叶麒麟．从民族国家建构到民主国家建构——近代以来中国政治发展主题的嬗变透析[J]．学术探索，2006(5)．

② 费孝通．中华民族多元一体格局[M]．北京：中央民族大学出版社，1989：1.

③ Carlton J.H.Hayes. Essays on Nationalism[M]. The Macmillan Company, 1928：2.

④ 梁恩荣等．公民教育，香港再造[M]．香港：基道出版社，2011：211.

也可以基于文化差异，也可以是某种社会政治运动，也可能被强化成某种意识形态，还可以是这几个方面的结合等等。例如，德国社会学家马克斯·韦伯把民族主义看作是情感的共同体，他认为民族主义是“一种情感的共同契约，他的适当表现是愿意在一个自己的国家，因此它有助于这样的国家的诞生”①；英国民族学家安东尼·史密斯将民族主义看作是意识形态的共同体，他认为民族主义是“为了一定人群的利益获得并保持自治、统一与认同的意识形态运动。这个一定人群是由部分成员认定、构成一个‘民族’的人口”②；英国社会学家厄内斯特·盖尔纳则认为“民族主义首先是一条政治原则，它认为政治的和民族的单位应该是一致的。民族主义作为一种情绪或作为一种运动，可以用这个原则作最恰当的界定”。③由此可见，和民族一样，民族主义是一个带有主观性的概念，它本身就是一个复数。民族主义是一面历史的“多棱镜”，折射出现代民族国家在现代化的进程中变迁的复杂性。“民族主义的产生是一个既成的历史事实，至少目前的世界政治地图是由它画的，而国际社会又不得不在相当长的时期内以民族国家为基本单元。每个国家的民族主义都是在不断变化着的，它是变动着的世界的一个方面；我们只有用历史的发展的眼光对待它，才能正确地把握它的出现和存在的必然性以及它的未来趋势。”④它还具有历史性，一个特定历史时期的民族主义只能理解为民族主义发展的一个小片段。

民族主义的复杂性在于：它不仅仅被视为一种纯粹的社会意识和

① 转引自宁骚. 民族与国家：民族关系与民族政策的国家比较[M]. 北京：北京大学出版社，1995：89.

② [英]安东尼·史密斯. 全球化时代的民族与民族主义[M]. 龚维斌，等译.北京：中央编译出版社，2002：181.

③ [英]厄内斯特·盖尔纳. 民族与民族主义[M]. 韩红，译.北京：中央编译出版社，2002：1.

④ 尹保云.知识分子立场——民族主义与转型中国的命运[M]. 北京：时代文艺出版社，2000：404.

集体情感，更被视为“现代团体政治的总体状况的名称”①，与现代国家的建构和社会变迁的进程紧紧地结合在一起。民族主义是现代性的产物，同时又加速了社会变迁的进程。因此约翰·施瓦兹曼（John Schwarzmantel）就认为“民族主义与现代性之间的关系极其紧密。民族国家的创建，其内部的政治平等、经济统一和社会文化的一体化，是导向现代性及其持续发展的一个必要的前提条件，可以说，民族主义是现代性最为重要的构成性要素之一”②。

虽然学理上的纷争使得民族和民族主义看起来是那么的不可捉摸，然而现代社会没有一个人不属于一个民族，假如没有了民族归属，那简直就像阿德尔伯特·夏米索（Adelbert Chamisso）在《失去影子的人》一书中所描述的那样：一个人失去他的影子因而迷失了自己的生存意义，没有了归属感和意义感，亦没有了稳定感和方向感，生命将陷入一片凄凉。

民族主义作为一把双刃剑，对于民族国家的建构和发展，具有两种截然相反的功能，它有可能加强民族团结、促进民族国家的统一，也有可能加速民族国家的分裂、造成社会的动荡。“民族主义如同一把锋利无比的双刃剑，既能充当构建民族国家、维护和巩固国家统一和民族尊严的守护神，又可能幻化为威胁和破坏国家稳定和统一的破门锤；既能成为反帝、反殖、反霸的开山斧，也可以化成为造成地区动乱、侵袭国家秩序的杀手锏。”③我们将要面临的问题是，什么样的民族主义是积极的，什么样的民族主义是消极的甚至会产生灾难性的后果。假如在一个政治共同体的内部存在着异质民族，民族主义者要求民族自治和自决时就会产生分离主义运动，民族主义就成为狭隘的民族主义了。民族分离主义就可能成为一个主权国家中动荡的根源。民族主义培养了民族内部的情感联系以及民族成员对国家的忠诚

① Tom Naim. The Break-up of Britain: Crisis and Neo-Nationalism[M]. London: Verso, 1997：94.

② John Schwarzmantel. The Age of Ideology[M]. State University of New York Press, 1998：137.

③ 程人乾．论近代以来的世界民族主义[J]．世界历史，1996(1).

感，同时也有可能会造成民族主义的偏执，人们要么认为自己民族是最优秀的，要么认为自己民族受到压制，进而产生民族排外情绪甚至极端民族情绪。

随着现代化进程的加速，这种作用表现得更为明显了。现代化在消解也在制造差异与多元。一个民族在现代化过程中遭受到外来文化消解的危险，必然产生危机感。为了保持其民族文化的纯洁性和优越感，这个民族自然会形成强烈的民族诉求。对于多民族国家内部来说，危机可能造成不同文化的民族之间的隔阂。对于多民族国家外部来说，危机虽然使得民族团结空前加强，但是也增加了与其他民族国家之间的隔阂，矛盾冲突变得尖锐。

二、现代性视野下民族认同及其认同机制

现代国家大多数是多民族国家，受到历史变迁和社会发展的影响，现代国家都面临民族认同的问题。民族认同一般可以从两个方面理解：一是个体以某一民族国家为认同对象的归宿感，也就是“国族认同”；另一个是指多民族国家单个民族成员对自己民族身份的认同。我们这里重点探讨的是第一种。民族认同是民族得以存在和发展的基础，是民族国家得以巩固的前提。

（一）民族认同的特征

1. 原生性与建构性统一

民族认同是原生的还是建构的？有人认为，在高度自由的社会，民族认同看上去在人的生活中起着相对边缘的作用，对某些人而言，属于哪个国家和民族确实是无关紧要的问题。民族的自豪感和忠诚感被直接激发和展示出来的场合也很少，但是这并不等于说民族认同是可有可无的。某个特殊事件就有可能从心灵深处唤醒人的民族归属感和民族忠诚感。这些事件在某个意义上可能是微不足道的，例如一场足球比赛，或者一次国际盛会。米勒认为，由于民族本身在内涵上具有模糊性和歧义性，民族认同有可能没有被清楚地表达出来，但是它

的确对人们的行为施加无处不在的影响。民族性（米勒以“民族性”取代“民族主义”）是具体实在的存在，而不是虚幻的想象，所以一个人的自我认知包括民族认同这个环节，表明自己的民族认同可以是理直气壮的行为。

“把我们的民族性当作认同的一部分，我们并不是在做理性上得不到辩护的事情。在回答‘你是谁’这一问题时，回答‘我是瑞典人’或者‘我是意大利人’（毫无疑问还有很多种回答）的人并不是在说某种无关或奇怪的东西，如有人在没有确凿证据的情况下声称她是沙皇尼古拉二世的私生孙女。这一主张非常适度：它没有说我们在理性上被要求将我们的民族性当作个人认同的组成部分，或者说拥有民族认同就排除其他集体认同。它也没有说一个人的民族忠诚必须有一个单一目标：它并不排斥一个人将自身同时当成牙买加人和英国人或者魁北克人和加拿大人。它只是说，认同一个民族并感觉自己是它不可脱离的部分是一种理解你在世界中位置的合法方式。”①

民族所激发的爱国情感和对公共事务的关注是一个人内心中相当朴素的情感。只要在日常的教育和生活中，采取适当的形式引导人们加以关注，就可以使这份情感保留和发展开来，一旦特定的时刻来临，这种情感自然会得到爆发性的显现。例如当你站在长城上，回溯中华民族的历史的时候，自然而然产生一种民族激情。当你站在中日甲午战争的遗址，回望近代中华民族遭受的苦难，内心会迸发出中华民族的向心力。这种情感的产生似乎无需任何理由。这在一定程度上说明，民族具有原生性的一面。民族认同尽管是客观存在的，也同时具有建构性特征。首先，民族认同感是在其他民族存在，并在与其他民族互动的基础上发展起来的。假如从来没有与外族接触过，人们是不可能在头脑中形成民族认同的。费孝通认为：“民族是一个具有共

① [英]戴维·米勒．论民族性[M]．刘曙辉，译．北京：译林出版社，2010：11．

同生活方式的人们共同体，必须和‘非我族类’的外人接触才能发生民族的认同”①，也就是说，民族认同是在民族互动过程中以民族间的差异性为基础而产生的，没有其他相异的民族存在，也就没有自己的民族认同感的产生。当前社会的剧烈变迁中，民族认同的内容和形式处于不断的变化之中，一方面民族之间的联系增强，民族的融合在加剧，另一方面民族的融合过程又使得人们的民族身份感增强，这是不争的事实。

2. 优先性与选择性的统一

每个人都生活在一个复杂的社会空间里，虽然有许多途径可以影响个体对他自己的认同的塑造，比如家庭、种族归属甚至他所属的社会阶层，但民族无疑是一个非常甚至最为重要的来源。作为人的集体认同之一的民族认同，是否具有优先性和排他性呢？在民族归属面前，当民族认同与其他认同之间发生矛盾的时候，人们是否具有一定的选择性？在这一点上，米勒又为我们做了比较独到的解释。他用“选择性”和“流动性”来形容民族认同的特征。他认为，即使拥有一种民族认同，一个人也不必成为这种教条意义上的民族主义者。实际上，一个人的民族性始终优先于其他认同来源并不是一种常见的情形。虽然作为集体认同之一的民族认同和其他认同会发生冲突和矛盾，需要我们反复权衡，进行价值排序，并建立自己的优先等级，但是这种选择也是暂时的，新的事件或者情境可能使得我们对它进行修正。例如当爱国责任和家庭责任、国家忠义和朋友信义之间发生矛盾的时候，何者优先不是一成不变的，这更多地基于你所处的具体情境，无论做出哪种选择在道义上我们都是无可指责的。民族认同的选择是非此即彼的排他性选择吗？事实上，人的出身是无法选择的，但是人的民族性选择却是流动的，而非单一和固定的，尤其是对于移民而言，同时效忠于两个甚至两个以上的民族的双重或多重忠诚客观上是大量存在的。只有自由选择的认同才是可以接受的。米勒的认识符

① 费孝通. 中国民族多元一体格局[M]. 北京：中央民族大学出版社，1999：7.

合现代民族的发展趋势，对全球化背景中的现代民族问题具有很好的解释力。

虽然米勒强调民族认同是重要的集体认同，但是他并不像极端民族主义者那样，认为国家认同高于一切，要求其民族国家成员毫不犹豫为之牺牲，甚至付出生命。他只是强调民族认同的重要意义，但是他认为民族认同既不排斥其他认同，也不优越于其他认同。在价值排序上，米勒没有把民族价值放在首位。但是，米勒难以解释为什么在某个特定历史时期，民族成员将民族国家置于优先地位，甚至为了自己的民族国家利益奉献自己的生命。民族主义在不同历史时期有其不同的目标追求和表现形式，我们不能否认的事实是，在一些特殊时期，尤其是面临国家民族危机的时候，民族认同具有压倒一切的优先性和排他性。由此看来，米勒的理论同样有其缺陷之处。

（二）民族认同的要素

民族认同区别于其他集体认同的要素又是什么呢？也就是说，民族认同的基础是什么？共同的地域、语言、文化、历史源泉、社会习俗、心理方式，乃至基于民族划分而承担的共同命运和维护的共同利益，等等，都可以构成民族成员之间认同的纽带。但是民族认同的要素不是一成不变的，在民族发展的不同阶段，不同的要素起着不同的作用。随着社会的发展，民族认同的自然要素将不断淡化，社会文化、社会心理要素将不断加强。在民族分化与民族融合并存的当代社会，民族特征更为典型地体现出民族的自我意识与共同的心理认同。这种心理认同具有很强的稳定性。

米勒提出的民族认同要素很值得我们认真探讨。他认为民族认同是建立在五个要素基础之上的。[①]第一，民族的成员必须视其他成员为同胞，并且相信他们之间有某种相关的特质。民族认同的存在依赖于其成员彼此归属并希望一起共同生活的共享信念。米勒采用了欧内

① [英]戴维·米勒. 论民族性[M]. 刘曙辉，译. 南京：译林出版社，2010：11.

斯特·雷南（Ernest Renan）关于民族资格的标准，排除了种族、血缘、宗教、语言等因素，而诉诸“愿意共同生活在一起”的信念。第二，民族的认同也是一种具有历史延续性的认同。它不仅拥有共同的过去，也指向未来。第三，民族认同是一种能发生主动行动的认同。这种“能动性”表现为整个民族共同的决定、共同的行动、共同的成就等。第四，民族认同要求把一群人与特定的地理位置连接在一起，组成共同的“家园”。正是这个领土要素使得民族与国家结成紧密联系。第五，民族认同要求民族成员共享共同的特质，而这种共同的特质表现在“共同的公共文化”。这种公共文化区别于诸如生活习俗之类的私人文化，也区别于生物性血统的种族文化，它是人们对共同生活的某些共识的了解与尊重，例如民族法制的信念、诚实报税、宗教信仰以及保护民族纯洁性的承诺等。简言之，公共生活之信念、历史连续性、集体能动性、特定领土以及公共文化等五个要素是民族认同形成的基础。[①]

对于民族认同的基础，米勒拒绝血缘和文化的界限标准，强调“共同的公共文化”。米勒所主张的是“具有历史意义、定居于固定领土、彼此有强烈的共存意识，并且展现出独特的‘公共文化’”。“公共文化”是人们集体生活中通过交往协商形成的包容性文化，而非单一的同质化“公共文化”。也就是说，它在一定程度上承认族裔和宗教少数群体的特有文化，当然，这些文化与由民族国家的公共文化所建构的民族认同并不冲突。公共文化为国家民族之间的整合提供了某种社会粘合剂。在这里，米勒超越了传统教条式民族主义，后者将血缘、历史神话、习俗文化等因素作为民族认同标准。

事实上，民族的共同性是开放的，是共同的协商理解，民族认同是可以改变的。当然，民族认同的建构性与历史性并不代表民族认同标准存在统一性的一面，米勒也强调民族“语言、社会习俗、节日庆典等都是历史过程的沉积，具有全民族的性格。因此，不管一个人想

① [英]戴维·米勒. 论民族性[M]. 刘曙辉，译. 南京：译林出版社，2010：22-26.

不想选择，因为他已经参与过这种生活方式，他总是被迫要承担民族的认同”①。同民族概念的复杂性一样，民族认同的标准同样具有模糊性与歧义性。这恰好一定程度上反映了实践中人们认识民族问题的张力所在。

（三）民族认同的作用与意义

民族认同对于形成成员的个人认同具有至关重要的作用，民族认同是个人认同的构成要素。米勒认为，共同的民族文化和传统价值对个体认同的形成、对个体做出有意义的选择至关重要：“这样一种共同文化不仅使它的继承者们能够明白他们身处何处、向他们提供一种共同的历史认同感，而且当他们在决定如何生活时可以为他们提供丰富的、更有意义的选择的背景。”②如此看来，民族主义对于个体的国民身份建构是非常重要的，民族主义为每个民族成员都提供了安全感和保护。没有民族及其国家作为存在依托，一个人是无法发展的；离开了他所属的文化价值系统，一个人便容易失去对生活意义的理解。“作为观念形态的民族主义，它是民族共同体成员对本民族的根深蒂固的热爱、至高无上的忠诚和强调民族利益的持久意识。也就是说，民族主义是一种态度、情感和信念的综合体；这种心理意识强调民族情感，认同民族文化，置民族价值于诸价值系统之上。”③

民族认同是现代社会集体认同的重要基础。民族认同在现代社会的民族主义运动中成为新兴的民族国家的集体认同基础。“民族认同与其他集体认同相对立，对于现代性具有显著的作用，它适应现代各种社会群体与个体的需要。这并不主要是因为民族主义能满足一个工业社会为有效应对大量流动的有文化的公民的需要，而是因为民族主义的神话、记忆、象征符号和仪式为社会内聚力和政治行动奠定了唯

① David Miller. On Nationality [M]. Oxford:Clarendon Press, 1995：42.

② David Miller. On Nationality [M]. Oxford:Clarendon Press, 1995：85-86.

③ 王兆璟．西方民族主义教育思潮[M]．北京：民族出版社，2006：15.

一的基础，而这些社会内聚力和政治行为是具有不同社会成分和族裔成分、目标各异的现代社会可能集中的。”[①]在共同体内成功实现统一的集体认同的现代民族国家，对实现现代性的政治和社会理想来说至关重要。但是不可否认的是，民族主义的集体认同有它的两面性。它为现代社会的人们带来权利、自由、政治主权、民族解放以及同一的国内市场，也为他们带来战争、压迫，它还可能限制国际间的交往。首先，它容易被统治者操纵，从而形成狂热的排外情绪，甚至成为发动战争的借口。其次，它在多元的社会事实面前，无法很好地实现社会整合和团结的功能。单一的族群认同将会导致对少数族裔、少数文化群体的压迫和排斥，使后者处于边缘化的不利境地。经济地位的悬殊、机会的结构性不均等，以及群体间的相互怨恨会导致社会的分裂。作为现代民族国家社会团结之基础的民族认同，既有有利的一面，同时也有其不利的一面。

民族认同感常常能够激发公民产生一种为了国家的利益而自我牺牲的精神。这种情况在民族危机和战争时期表现得更为明显。但是也正是这种激发大众作出自我牺牲的民族力量，往往成为无耻的煽动家们的目标。由于同样的原因，民族主义往往成为战争的主要工具，民族认同成为流血战争的主要理由。民族认同是一把双刃剑，我们应该正视民族认同的力量，学会理性认识并驾驭民族认同，利用其有利资源促进民族国家的稳固与发展，同时避免民族情感带来的负面影响。随着现代化与全球化的深入，这种驾驭能力变得越来越重要。

（四）民族认同的机制——历史叙事、符号与国家认同

如前所分析，现代化和全球化改变了民族认同与国家认同的形式，但是并没有削弱民族认同的作用，相反，在某种程度上为民族主义的发展提供了新的发展契机。在现代化和全球化的今天，它越来越

---

① [美]安东尼·D.史密斯. 全球化时代的民族与民族主义[M]. 龚维斌，等译. 北京：中央编译出版社，2002：186-187.

成为强化民族国家认同感、增强国家软实力的需要。民族作为想象的共同体，总是通过一种特殊的认同机制——历史记忆和文化符号来激发民族成员同属一体的想象。国家通过民族这一个元素来达到形塑稳定共同体的目的。

首先是历史神话故事。民族具有深厚的历史基础。米勒认为，民族是古老而普通的族裔在现代的继承和转型，这种转化很大程度上是通过一种从现代向前现代回退的方式而达致的。它将前现代民族的象征与神话聚于一身。在这里，我们必须摒弃在民族概念上将现代性和前现代性因素绝对对立和完全割裂的机械论观念。民族是现代、前现代的综合体。米勒说，民族主义将这些前现代社会中的联系和情感与普通主权和大众的公共文化等具有爆炸性的现代力量结合在一起，在祖先的故土上，上演了一幕幕的民族解放与大众动员的现代戏剧。“正是通过民族主义，社会试图将自身向前推进，达到一定的目标，如工业化、繁荣以及其他民族的平等，等等；但是这种推进确实是通过一种特定的回退——通过内省、更深刻地利用本土资源、复兴过去的民谣、英雄和神话——而达成的。”[①]民族主义者将视野转回到传统的习俗、象征符号和仪式，并重新发现和利用它们。因此，民族认同一般都包含相当多的神话要素。作为民族历史的叙事，它总是以一种特定的方式解读历史事件，有时候甚至夸大一些事件的重要性，或者贬低其他事件的重要性。因此从这个意义上来说，它包含了神话要素。我们很清晰地记得伦敦奥运会开幕式上的场景，它讲述了英国这个小岛的发展历程，从宁静的田园农场，到蒸蒸日上但也带来包括社会和环境问题的工业时代，最终找到新的出路，走向新的未来。这是一个代表英国民族历史的浪漫叙事，展现了英国民族的发展历程，激发了英国民族对同属一个共同体的想象。民族神话是民族的寻根和民族成员共同感的来源。米勒认为，保存古老的价值观念和传统文化的愿望不是对文物收藏式的怀旧，而是一种激情，一种对失去了的共同

① Tom Naim. The Break-up of Britain: Crisis and Neo-Nationalism [M]. London: Verso, 1997：348.

体进行修复、重新体验它的“黄金时代”、通过排除杂质使其净化更新共同体以及重新利用其鲜明的文化遗产的激情。对于民族国家而言，自由依赖于认同，而命运依赖于共享的记忆。因此想参与到一个有着广泛机会和专门技术的现代世界，需要将不可比较的真实认同与不同的道德共同体融为一体。但是如果认同的秘诀在于记忆，那么必须抢救和重新利用族裔的历史，目的是在一个由相互竞争的民族共同体组成的世界中更新现状，建设一个共同的未来。

其次是符号与仪式。符号是人们共同约定用来指称一定对象的标志物。认同（identity）就本意而言指的是自身独特的、与他人不同的特征。一个群体区别于另一个群体的特征大都是在历史中形成的，这些特征通过诸多符号保留在人们的记忆中。这些特征构成一个群体集体意识的基础。小到一个村庄，大到一个城市，甚至到一个民族，往往蕴含有许多具有符号意义的事物。这些事物由于历史的记载、传说、文学艺术的描述而变得重要，成为人们集体记忆的象征。例如雄伟的长城、壮美的三峡、巍然的泰山、肃穆的故宫等，都是中华民族集体记忆的重要组成部分。任何一个民族都会有类似的符号，例如法国的凡尔赛宫、埃菲尔铁塔，埃及的金字塔，等等。古老的苏格兰人同样有着他们独特的民族仪式：

“苏格兰人以最传统的方式庆祝他们国家的统一。男人们身穿短裙，每一个部落的短裙上的格子都不同，仪式上少不了风笛的声音。苏格拉人想通过这些信息，对古老的礼节表现出他们的忠诚。”①

这些符号成为某些民族记忆的重要象征。如果没有这样的符号，一个民族就很难使自己的集体记忆一代又一代传承下去。这些仪式、象征符号与神话对民族认同至关重要。它们常常凝聚了这个民族的历

---

① [英]安东尼·吉登斯. 失控的世界:全球化如何重塑我们的生活[M]. 周红云，译. 南昌：江西人民出版，2001：33.

史与文化，代表了这些民族的共同想象。正是通过它们，民族得以形成。世界各民族和地区都有自己的象征符号和节日习俗，这些象征符号和时间符号是焕发着强烈民族意识的文化意象，并逐渐成为民族身份的标志。在各民族不断进行的历史化传递中，这些象征符号和时间符号也在不断地提示和增强民族身份和民族意识。“具有几千年历史的中华文明也给我们留下了许多重要的时间符号，如春节、元宵节、清明节、端午节、中秋节、重阳节、七夕节等，这些时间符号产生于中华民族民间习俗、农耕节令、祭祀、社群娱乐等中，糅合了中华民族悠久的历史、动人的传说等，特别经过千百年来文学、艺术等的浸润，构成了中华民族集体记忆的重要组成部分，成为民族文化身份的象征。”①

由此可见，民族认同是一种个体对于民族国家文化在心理上的归属性认同。而这种心理归属认同机制是借助于历史叙事、神话、符号、记忆和仪式等来完成的。完整意义上的认同本身就是一个客观因素与主观因素双重建构的过程。认同“不是那些既存的事物，它跨越地域、时间、历史和文化……它并不是永久地固定在某一个本质化的过去，而是处于不断的历史、文化与权力的游戏之中”②。国家认同的形成和发展是一个动态过程，而不是一种既定的状态。

三、民族维度国家认同教育

民族国家的建构过程，也是民族的整合过程。③因此，在现代国家建构的过程中，我们需要从文化、心理方面强化全体公民的整体性，即通过培育公民对于民族国家的认同与归属来实现国家的整合。英国教育学者安迪·格林（Andy Green）阐述了民族国家建构以及培

① 候灵战. 时间符号与民族认同[J]. 读书，2001(10).

② Jonathan Rutherford. Identity: Community, Culture, Difference[M]. Lawrence & Wishart, 1990：225.

③ 如前所述，近代民族国家的建立既是政治建构的过程，也是文化融合的过程。因此，国家也在改造民族，使之成为人为建构的“国家民族”概念。这里所指的民族更多的是超越传统狭隘民族概念的“国家民族”。

育公民认同的必要性：

“民族国家强化了国家边界，确立了领土绝对不可分割的明确疆界。它延续了集中化的权力，摧毁了旧的封建排他主义（特殊恩宠论），建立了更加统一和一体化的管理机器；在新的民法和管理程序中确立了国家权力，通过办公署和统计数字使其更有效率，使其扩大了官方检查和监督的范围。然而，民族国家最新颖之处不在于国家，而在于民族。国家不得不创造民族和公民，因为民族和公民构成了国家，国家并非现成的，国家必须对人民证明其合法性。”①

民族国家是在民族的基础上建立起来的，只有公民对“民族”有了归属感，才能形成对民族国家的认同。民族认同是国家合法性认同的文化根基，“民族认同是民族国家合法化的文化来源，是国家独立完整的表现”②。公民民族认同的形成，彼此之间凝聚力的增强，使得一定区域甚至不同区域的公民联合起来共同致力于民族国家的统一与发展。因此，民族维度认同教育是国家认同教育的重要内容，而民族主义也就一定程度上成为民族维度国家认同教育的重要理论资源。

（一）民族维度国家认同教育的目标

通过教育培植共同文化意识是维护国家意识形态和国家安全的需要，德国语言学家和作家雅克布·格林（Jacob Grimm）认为：“需要占主流的国家民族文化并灌输普遍的作为国家地位的意识形态；这样锻造形成民族国家的政治和文化统一性，巩固他们的主流阶级的意识

---

① [英]安迪·格林．教育、全球化与民族国家[M]．朱旭东，等译．北京：教育科学出版社，2004：144-145.

② 方晓强，型瑞磊．欧洲国家的国家认同模式对欧洲一体化的影响[N]．湖北行政学院学报，2006(5).

形态霸权。”[①]民族国家的领导者及民族主义者都认识到教育是推行民族主义、巩固民族国家的工具。他们希望通过教育的国家化来培养具有国家忠诚感的公民，也就是希望通过国民教育培养热爱祖国、重视民族文化、具有民族意识的公民。美国学者哈里森（Harrison）就认为：“民族主义在教育目的上，其终极愿望，即在维护国家的统一和国家荣誉的保存上。”“民族主义者认为教育乃是协助政府功能得以实现的有效工具……是国家维持其生存进而追求其国家理想的一种工具。”[②]让—雅克·卢梭认为，教育是使人民得到“一个民族形式”的最重要的方法，“当他第一次睁开眼的时候，一个婴儿应当看到祖国”。[③]民族教育的最直接目的是维护和强化民族及其文化。一个民族存在的标志是其民族性或民族精神，教育家乌申斯基（Ushinsky）强调说：“一个没有民族性的民族，就等于一个没有灵魂的肉体，它必然被消亡在另一些保存着自己独特性的肉体之中。”[④]著名犹太思想家阿哈德·哈阿姆（Achad Ha-Am）认为，民族教育最值得追求的形式，是“那种通过向孩子传输以民族形式存在的普遍人性内容，引导孩子潜移默化地吸收他们民族精神的教育形式”[⑤]。民族性是建立国民教育的基础。尤其是在全球化世界背景中，从某种意义上来说，教育问题根本上不是国际性，而是民族性。

---

① 转引自钱家琪，朱旭东．经济全球化对民族国家教育的挑战——西方新马克思主义教育观评析[J]．比较教育研究，1998(6)．

② Elmer Harrison Wilds. The Foundation of Modern Education[J]. New York: Rinchart & Company, 1950：410-413.

③ Jean—Jacques Rousseau.Considerations on the Government of Poland and Its Proposed Reformation [G]// Watkins, J.ed, Rousseau: Politcal Wittings, New York: Nelson Press, 1953：176.

④ 转引自单中惠．西方教育思想史[M]．太原：山西人民出版社，1996：396.

⑤ Leon Simon. Selected Essays by Ahad Ha-am[C]. Philadelphia: The Jewish Publication Society of America, 1912：89.

（二）民族维度国家认同教育的内容

1. 以民族历史为内容的国家认同教育

德国哲学家威廉·文德尔班（Wilhelm Windelband）说，“人是有历史的动物”，人们在历史中了解到自己来自何方，获得自己的民族意识和认同感。民族认同的产生首先是由于人们分享了民族共同的历史传统、习俗规范以及无数的集体记忆，从而形成对某一共同体的归属感。民族的历史记忆承载了一个民族发源、发展的过程，讲述了一个民族的光荣和梦想、灾难和不幸。民族的记忆还将一个民族的过去、现实和未来紧密地联系起来，并构成了该民族集体认同的基础。历史是民族的根，有了根，才能产生民族文化的魂。历史孕育了文化，建构了国家特有的精神符号和意义象征。黑格尔说：“历史对于一个民族永远是最重要的，因为他们依靠历史，才能意识到他们的‘精神’表现在‘法律’‘礼节’‘风俗’和‘事功’上的发展行程。”[①]失去“历史记忆”的民族不可能产生历史认同及建立于历史认同基础上的文化认同和民族认同，也不能产生民族向心力和民族凝聚力。公民只有对民族历史文化产生认同，才能有心理上的归属感，民族国家才会对公民具有号召力。因此，民族认同教育首先是建立在民族历史教育的基础上。民族历史的教育包括两个方面，一是通过开设历史学科课程而开展的历史教育，二是以各种承载历史记忆的特定的地理、空间等符号为载体的历史教育。前者以系统历史知识学习为主要内容，引导学生了解历史事实，形成历史情感，发展历史思维；后者通过参观与体悟具有历史意义的地理或空间场所，增强感性认识，拓展历史视野，生发情感共鸣。两种教育形式相互补充，共同促进学生形成国家认同感。当今世界所有国家都非常重视学校开展的历史教育，各类学校的历史教科书都将培养学生的民族精神和爱国主义置于首位。美国历史

---

① [德]黑格尔. 历史哲学[M]. 王造时，译. 北京：生活·读书·新知三联书店，1956：206.

只有200多年，但是美国把历史的教学作为维系整个国家和民族命运与前途的纽带，以弥补美国历史文化的不足。这一直为美国教育家、历史学家和政治学家所倡导，“进行美国史与开国文件的教育，是传承美国传统，维护和巩固美国意识形态的关键”[①]。

2. 以民族文学、艺术等人文学科为核心的优秀民族文化是国家认同教育的重要内容

哈阿姆从民族存亡的高度来认识民族文化传承与教育的重要作用，“哈阿姆认为，一个民族，除非通过教育将其文化的财富代代相传，否则就不可能存在，没有民族文化教育传递，民族就没有未来，并注定消亡”[②]。民族文化是各民族在其长期的历史发展过程中，创造和发展起来的具有自身特色的文化，是一个国家的血脉、灵魂和品格。文化是一个民族的灵魂，也是国家认同意识的根源。第一，民族文化具有历史继承性。历经历史沉淀和岁月选择，民族文化具有思想上和心理上的历史继承性，也体现着民族精神的创新性，是民族不断发展的重要精神力量。第二，民族文化具有独特性。民族文化是民族身份的重要标志，表现了它与其他民族相区别的独特之处，进而将“自我”与“他者”区分出来，强化自我的民族身份认同感。优秀民族文化教育应该是铸就公民民族精神的重要途径。民族精神是抽象的，它“有时像一个神话故事一样充满神秘色彩，但常常是虚构的，人们更有可能认为民族精神不会得到全部表现，而是暂时凝结在事物、景观、习俗、惯例，尤其是华语、符号、文字作品中”[③]。但是，民族精神的内涵又是具体的、可感知的，民族精神必须有自己的载体。首先，文学教育是民族文化教育的重要内容。例如民族文学作品中的民族史诗、民族英雄故事等都能够激发公民的爱国主义情感、

---

① 郑永廷. 论文社会意识形态与思想政治教育的内在联系[J]. 中国高校社会科学，2015(06).

② [以色列]塔米尔. 自由主义的民族主义[M]. 陶东风，译. 上海：上海译文出版社，2005：13.

③ [法]吉尔·德拉诺瓦. 民族与民族主义[M]. 郑文彬，等译. 北京：生活·读书·新知三联书社，2005：197.

民族自豪感，促进公民产生民族国家的自豪感和认同感。其次，歌曲、舞蹈、绘画等艺术形式包含了民族特有的审美观念、审美表现意识，体现了不同民族的精神风貌和历史积淀，成为维系民族国家的重要精神纽带，因此艺术教育也是民族文化教育不可缺少的内容。最后，民族文化教育并不意味着对其他民族文化的排斥，而是在与世界不同民族文化的交流和对话中不断推陈出新。总之，民族优秀文化体现了民族的集体记忆和文化基因，是形成各族人民共同的理想价值和塑造国家认同的深厚文化基础。民族文化是民族精神的载体，传承民族文化，就是传承民族精神。

学校教育方面，通过开设体现民族优秀传统文化的文学、艺术、宗教等人文学科课程，引导学生阅读和体验民族的文化史和心灵史，从而形成优秀的民族精神品质，这是加强国家认同的重要内容。例如，近年来新加坡政府调整国家意识形态，弘扬传统文化价值，宣扬儒学，力图从以儒家文化为代表的东方文化中寻找自己的文化之根，促进文化复兴，重建国家自信心。正如李光耀所指出："如果新加坡不能保持土著语言和文化，我们将会缺失和失去文化……我们是什么，我们来自何处，我们要过怎样的生活……只有当我们首先理解我们的传统价值观，我们才会清楚西方世界是一种不同的制度，具有不同的耐压程度，是为了与我们不同的目标而建立的。"[①]新加坡政府在中小学开展"生存教育"和"好公民"等体现崇尚节俭、忠孝节义等道德价值观的课程，并将其作为国家文化的"压仓物"，形成独特的新加坡文化。[②]

3. 以民族语言为重要载体的国家认同教育

民族语言与民族文学的学习是培养民族认同最有力的方法。通过学习优秀的民族文学，"孩子把崇高的道德与审美理性的世界加以内化，使之逐渐成为自己的精神自我的一部分。这样，在孩子和他们的

① 陈祖洲．新加坡——"权威型"政治下的现代化[M]．成都：四川人民出版社，2001：240.

② Riaz Hassan, Singapore: Society in Transition[M], Oxford Press, 1981：72.

民族性之间就可以建立起坚固的联系纽带，他逐渐把这个纽带看作所有人性上高贵而鼓舞人心的事物的来源”①。所有的民族教育的共同之处都在于崇敬民族的语言、传统以及实践，颂扬民族的自由。一个民族，可以通过语言教育将其文化的财富代代相传。

语言具有社会交际以及民族和身份认同两大功能。在现代化与全球化进程中，后者变得越来越重要。德国语言学家洪堡特曾说：“民族的语言即民族的精神，民族的精神即民族的语言。”②语言不仅作为民族文化的表现形式，也体现了民族精神的内核。美国学者安德森把民族语言比作爱国者的眼睛，“语言——不管他或她的母语形成的历史如何——之于爱国者，就如同眼睛——那对他或她与生俱来的、特定的、普通的眼睛——之于恋人一样。通过在母亲膝前开始接触，而在入土时才告别的语言，过去被唤回，想象同胞情，梦想未来”③。语言是将民族联系在一起的重要纽带，“语言是最生动、最丰富而巩固的一种联系，它把过去、现在和将来的各代人民联结成为一个伟大而富有历史意义的、生机勃勃的整体”④。因此，民族语言教学承担着引导公民认识和理解民族文化，促进民族国家整合的重要功能。法国作家都德的《最后一课》，通过一个童稚无知的小学生，在他的最后一堂向祖国语言告别的法语课上的自叙，以及对他的心理活动的描写，体现了语言对于一个国家民族的重要意义。虽然现代国家大都是多民族语言国家，“实际上对官方语言的界定、标准化和教

① Leon Simon. Selected Essays by Ahad Ha-am[C]. Philadelphia: The Jewish Publication Society of America, 1912：312.

② [德]威廉·冯·洪堡特. 论人类语言结构的差异及其对人类精神发展的影响[M]. 钱敏汝，译. 北京：商务印书馆，1997：50.

③ [美]本尼迪克特·安德森. 想象的共同体：民族主义的起源与散布[M]. 吴叡人，译. 上海：上海世纪出版集团，2005：149.

④ [俄]乌申斯基. 乌申斯基教育文选[M]. 郑文樾，编选.张佩珍，等译. 北京：人民教育出版社1991：85.

学已经成为世界各地‘民族国家建构’的首要任务之一”[①]，各个国家都从推进民族国家的融合以及国家安全的高度来重视民族语言的推广和教育工作。

（三）民族维度国家认同教育的模式

现代国家大多数是多民族国家。民族维度国家认同教育一方面需要培植人们对整个“国族”的认同，同时又要包容国族内所属民族的认同。为了避免民族之间的冲突，促进国家民族的融合，西方国家提出了多元文化教育模式以推动国家认同教育。多元文化的核心是指国内各民族在维护国家统一和建国指导原则的前提下，相互尊重、互相信任、和谐共处，他们各自的语言和文化都具有平等的法律地位，各自的民族特性都有充分发挥的机会。多元文化主义反对民族同化，倡导文化宽容、平等和选择自由的精神，用公民身份来统合族裔，凝聚民族。“公民教育应该尝试在所有人中创造一种公民式的友谊，但是不应该通过把所有人同化到一种文化中，而应通过尊重文化差异来进行这样的尝试。因此，所有的孩子都应该获得某些关于所有与他们处于同一政治体系中的民族群体的文化、历史和传统的知识，并学会尊重他们。”[②]多元文化主义反对歧视与压迫，认为不仅要为弱势族群提供公平参与、公平竞争的平台，而且更要建立一个相互宽容与尊重的社会。多元文化主义理论改变了民族同化理论以及以主体民族文化去整合少数民族文化的做法，缓和了民族文化冲突，一定程度上利于国家民族的融合。例如，美国作为一个移民国家，实施以民族整合为目标的“文化的大熔炉式”教育政策，在保持“移民国家”多样化特质的同时，塑造统一的“美利坚”民族共同体观念。加拿大和澳大利亚作为多元移民国家，实施多元文化认同教育，通过承认其他民族的

---

① [加]威尔·金里卡．少数的权利——民族主义、多元文化主义和公民[M]．邓红风，译．上海：上海世纪出版集团，2005：346.

② [以色列]耶尔·塔米尔．自由主义的民族主义[M]．陶东风，译．上海：上海译文出版社，2005：23-24.

文化的平等存在，谋求共同发展，增进各民族的共同国家意识。多元文化主义教育认为每个民族国家内部应该培养一种以共同语言和历史为基础的民族认同，也应尊重移民和少数民族的语言和历史。尽管如此，多元文化理论因其逻辑与经验上的局限性屡屡受到诟病。

费孝通先生基于中华民族文化的统合创造性提出的“多元一体”式民族文化模式值得我们认真探讨。多元一体即“民族认同意识的多层次论。多元一体格局中，56个民族是基层，中华民族是高层”。“高层次的认同并不一定取代或者排斥低层次的认同，不同层次可以并行不悖，甚至在不同层次的认同基础上可以各自发展原有的特点，形成多语言、多文化的整体。所以高层次的民族可以说实质上是既一体又多元的复合体，其间存在相对立的内部矛盾，是差异的一致，通过消长变化以适应于多变不息的内外条件，而获得这共同体的生存和发展。”①多元一体是费孝通民族理论的核心所在。费孝通先生在对待各民族关系时，不止于西方的多元民族文化所提倡的“互相尊重”，而是借用了古训中“各美其美、美人之美、美美与共”的原则。“美人之美”就是要敬重他人的自尊，包括敬重他人符号观中体现的语言和文化自尊，是多样性对话中形成的“重叠共识”之一。各个民族从不同的角度追求“本真”，表达不同的世界分类，表征不同的审美价值，他们之间的对话使得“本真”变得立体，有生命意义，充满生存智慧。多样性和共生性不存在必然矛盾，只要不断地追求“重叠共识”，“美美与共”便会成为人类社会理想的互动模式。

费孝通先生认为，“求技求术”止于“走表”，局限于物质层面的你争我斗，互不信任，互不相让；唯有“求艺求韵”才能在理想层面上超越浅薄的你争我斗，让斗争停止，让危机化解。以文化来推动美德建设是非常重要的举措。美德是一种“神韵”，一种超越斗争、和平共处的神韵。他认为，中国古训中的“各美其美、美人之美、美美与共”直到今天仍然有着非常重要的现实意义。它充分吸收了中国传

①费孝通．中华民族多元一体格局[M]．北京：中央民族大学出版社，1999：76.

统文化的精华，体现了不同民族文化之间的尊重和互信，倡导尊重各自差异，相互取长补短。比之西方多元文化模式中不同文化之间的相互平等、相互尊重，费孝通先生把这种互动模式进一步提升到不同文化之间的相互欣赏、共同提高的阶段。因此，费孝通先生的多元文化一体模式较之西方多元文化模式更具特色。

正因为民族是国家公民团结的重要纽带，培养公民的民族认同感一直是国家教育的重要内容。然而，公民爱国情感不仅仅来自民族的归属感和认同感，更重要的是表现在对国家制度的赞同与维护方面。现代化和全球化的发展使世界范围内公民流动更加自由和普遍,公民对于民族的认同和对于国家制度的认同并不是总是一致的，建立在民族认同之上的国家认同似乎变得有些虚幻而不可实现，因此仅仅诉诸民族和民族主义已经不足以维系公民对国家的普遍认同，也无法有效维护国家的统一。在某些时候，民族主义的膨胀带来的是狭隘的爱国情感，既是对其他国家和其他民族的伤害，也是对国家与本民族的伤害。也就是说，狭隘的民族主义将是干扰稳定的重大因素，会导致国家认同的危机，“说到底就是地方民族认同僭越其文化认同与地域认同的定位，开始进入国家政治层面，对公共权力发起诉求，公民身份被质疑，以宪法权威为核心的法律秩序遭到挑战”[①]。此时公民的国家认同与国家情感将更依赖于民主的国家制度，政治认同与民主维度的国家认同教育将是我们下一个章节需要探讨的话题。

① 周光辉，刘向东．全球化时代发展中国家的国家认同危机及治理[J]．中国社会科学，2013（9）．

第四章

政治认同与国家认同教育

国家既是民族共同体，又是政治共同体。民族共同体是基于历史文化的关系组织，政治共同体是基于利益与权力分配的关系组织。前者是要解决个体的族群和文化归属问题，后者是要解决作为政治国家中个体的公民资格问题。公民对国家的认同不仅仅建立在对民族国家的天然情感之上，更重要的是建立在国家制度对公民政治经济权利和自由的宪法保障上。只有在民主的条件下，人民才是真正的主权者，才能形成人民将国家放在心中并全力支持与拥护国家制度体系的国家认同，也就是基于人民民主主权逻辑所形成的国家认同。

一、民主与现代国家建构

（一）民主的内涵

“民主”一词，英语是democracy，起源于古希腊文δημοκρατα，16世纪由法语的Demokratia引入英语。δημos（demos）意思是民众，κρατα（kratos）意思是掌握、作主，合在一起就是民众掌握、作主的意思，也就是人民管理自己的事务。democracy就是由demos和kratos两个词根组成，前者是“地区”和“人民”，后者是“统治”或“权力”。从词源上来说，“民主”一词从开始就意味着人民通过自己的代表来治理或统治国家。民主是一个发展的概念，也是一个变化的概念。亚里士多德概括了民主的两个基本原则：“自由”以及“按照你喜欢的方式来生活”。古典民主理论家洛克认为，民主是按照人民的意志进行政治统治。孟德斯鸠认为，民主就是通过公开选举行使国家权力。卢梭进一步发展了民主的概念，认为民主是建立于“公意”之上而不是“众意”之上，建立于公意之上的民主有助于通过增进公共利益而增进个人利益，建立于众意之上的民主不过是个人私利和党派私利之间的妥协产物。他据此提出人民主权原则，并认为民主的本质就是人民主权的实现。20世纪奥地利经济学家约·阿·熊彼特（J.A. Schampeter）认为，民主是人民投票决定权力的归属，把民主归结为普遍的人民统治是不切现实的，实际政治生活中，任何一个政治共同体都是由代表普遍人民的少数代表来统治的，因此，民主的内涵实质上就是人民有权利选择某种方式来推选出自己的代表进行统治。当代知名的政治家亨廷顿认为“民主政治的核心是被统治的人通过竞争性选举来挑选领袖”[①]。

不同的历史时期、不同的哲学派别对民主概念有着不同的界定和阐释。正是这些充满差异性的民主概念和阐释，体现了民主本身的丰富性、多样性和复杂性。民主本身就有历史性和阶级性。民主没有一个统一的标准，因为不存在一个放之四海而皆准的统一的民主模式。民主是一个基于一定历史、政治、经济、文化传统，与实施民主的人民愿望相符合的主体选择性产物。实现民主的形式是丰富多样的，不能拘泥于刻板的模式，更不能说只有一种放之四海而皆准的评判标准。

（二）民主国家的建构

现代国家多数是多民族国家，从多民族现代国家的产生和建构过程来说，民主是国家建构中多民族整合的重要基础。现代国家的发展既是由分散、互不联系的地方性社会走向现代整体国家的过程，又是一个由封建等级制的不平等社会走向现代民主国家的过程。也就是说，它一方面是以民族为核心的民族国家的建构，另一方面也是以政治制度为核心的民主国家的建构。作为民族国家共同体，民族提供了共同体的独特形式，民主则提供了共同体的政治内容。民族国家建构实质上就是要在维护国家权力合法性的同时，把各个族群整合为一个

① [美]塞缪尔·P.亨廷顿．第三波——20世纪后期民主化浪潮[M]．刘军宁，译．上海：上海三联书店，1998：4.

整体，使多元的族群保持国家认同的至上性。也就是说，民族的整合应该建立在统一的政治认同基础之上。“在多民族国家，国家公民在民族构成上的非单质性决定了多民族国家必须高度关注国家内部的民族整合。民族整合需要通过民族平等、权力共享的民主政治整合来实现；需要通过体现合理的利益分配的经济整合来实现；需要通过尊重、发展各民族文化的文化整合来实现。”[①]民主政治为打破国内各个地区、各个民族间的壁垒，建立和健全全国集中、统一的国家权力，建构多民族对统一国家的凝聚提供了可能。

民主也是现代国家制度建构的基础。它“强调的是按照主权在民的原则构造国家制度，主要反映的是国家内部统治者与人民、国家与社会的关系。民主国家的构建是民主制度日益完善、民主观念在全社会日益深化，所有公民获得自由平等的公民权利的过程。因此，衡量民主国家的重要标准就是统治的合法性的民意基础，即统治权力是否按照体现人民意志的法律取得和行使”[②]。现代国家认同的政治基础是民主，现代国家认同的建构，就一定是从民主建构开始的。卢梭就认为，基于主权在民思想，只有当人们的意志公意转化为国家主权，国家主权才获得绝对的权力，而且当这种权力从全体人民利益出发运行的时候，人民对国家的认同实际上是对人民共同意志所形成的公意的认同，即对自身整体意志的认同。[③]而所谓的爱国主义是“围绕共同善的强烈的公民认同”。[④]卡尔·科恩（Carl Cohen）指出，所有社会“都要求其成员具有某种程度的忠诚；民主社会（和其他情况相同）更有必要在公民中培养深厚而持久的忠诚。这一观点适用于一切政治性的民主社会，尤其适用于民主国家，那是最清楚不过的，因为

①严庆．从冲突到整合——民族政治关系模式研究[D]．北京：中央民族大学博士学位论文，2010.

② 胡鞍钢，王磊．经济增长对社会稳定的双向效应[J]．湖南社会科学，2005(6).

③ [法]卢梭．社会契约论[M]．何兆武，译．北京:商务印书馆，2003：31-42.

④ Charles Taylor. Cross-Purposes: The Liberal-Communitarian Debate in Philosophical Arguments[M]. Cambridge: Harvard University Press, 1995：195.

在这些领域中忠诚最可能是极端重要的问题”。[①]个体生活于国家共同体之中，不仅仅出于自身精神生活的需要，而且也是出于维系共同体团结与发展和保护自身权益的现实要求，后者对于国家建设更具有根本性意义。因为从一定意义上讲，一个现代国家“不仅代表了对作为所谓的世界文化之基础的一切技术、态度和知识的政治利用，而且还代表了对各阶层大众的地方性和特殊性利益的一种唯一的表述”[②]。

民主国家建构的核心是人的权利，国家存在的理由正是为了更好地确认和保护人的权利，即以主权在民为合法性基础。建构民主国家的目的就在于能以法律制度的方式确认其本国国民为享受法定权利的公民。而合法性问题，通俗地讲，就是一种政治系统、政治制度或政治权威能否得到公民认可、信任和支持的问题。也就是说一个合理的政府与国家，其政治统治权力基础首先在于得到公民个人道德上的主观认同，道德良知为国家理性提供合理性。如果一个国家不能得到个人自愿的道德认同，也就是说，不能让个人从内心接受它，那么这个国家的存在就是不合理的。因此，体现人民的意愿、承认和尊重人民的权利是民主国家建构的首要前提。而民主的程序实质上是一种国家与民众之间沟通、协商的过程，它能使民众增强对国家的认同，从而增强服从国家政治法律的可能性。也只有在真正的民主条件下，国家认同才能获得现实的主体性，才能内化为公民的内在价值和信仰。“基于人民主权所建构的现代民主就是强调人民建构国家、国家服务人民，这其中所形成的一体性，正是人们建构国家认同的最基本价值前提和逻辑前提。”[③]民主国家的构建为社会提供了一个和谐发展秩序、维护国家主权与稳定的制度保障。

民主从来就不是抽象的，而是具体的。一个国家，用什么样的国

① [美]卡尔·科恩．论民主[M]．聂崇信，朱秀贤，译．北京：商务印书馆，1988：232.
② [美]白鲁恂·派伊．政治发展面面观[M]．任晓，等译．天津：天津人民出版社，2009：97.
③ 林尚立．现代国家认同建构的政治逻辑[J]．中国社会科学，2013(08).

家结构及其国家制度来实现民主，取决于该国人民的自主选择。而且一个国家的制度选择，离不开其制度存在的族群的社会、历史和文化。从纵向的历史来看，民主归根到底是为一定的社会生产关系服务的，是一个具有鲜明阶级性的政治范畴和历史范畴。作为权力和制度的民主是历史的产物，在阶级社会中不存在不带有阶级性的“纯粹的民主”。社会主义民主是历史发展也是民主历史发展的最新产物，它吸收了以往民主尤其是资本主义民主的合理成分，也克服了之前民主的片面性和虚伪性。我们认为，社会主义民主是历史上一种更高类型的民主。民主是社会主义国家的根本属性和内在要求。邓小平同志对民主和社会主义国家的建构与发展之间的关系作了高度的总结：“没有民主就没有社会主义，就没有社会主义的现代化。”①他认为：“我们进行社会主义现代化建设，是要在经济上赶上发达的资本主义国家，在政治上创造比资本主义国家的民主更高更切实的民主，并且造就比这些国家更多更优秀的人才。”②而这种民主“只能是社会主义民主，或称人民民主，而不是资产阶级的个人主义的民主”③。党的十八大以来，习近平同志围绕社会主义政治民主作了一系列重要论述，指出“人民民主是社会主义的生命。没有民主就没有社会主义，就没有社会主义的现代化，就没有中华民族的伟大复兴。我们必须坚持国家一切权力属于人民，坚持人民主体地位，支持和保证人民通过人民代表大会行使国家权力”④。人民对民主的理解不是生而知之，必须经过教育。

二、自由主义、民族主义与国家认同

与民族工义强调国家建构中的“民族”基础相异，自由主义在国

① 邓小平．邓小平文选 [M] 第二版．第二卷．北京：人民出版社，1994：168.
② 邓小平．邓小平文选 [M] 第二版．第二卷．北京：人民出版社，1994：322.
③ 邓小平．邓小平文选 [M] 第二版．第二卷．北京：人民出版社，1994：175.
④ 中共中央文献研究室．十八大以来重要文献选编（中）[C]．北京：中央文献出版社，2016：55.

家建构中以“民主”为基础，自由主义和民族主义在国家认同基础上的观点体现了国家认同民族性与民主性之间的分野与对立。

（一）自由主义与工具化国家

自由主义是一个有着复杂历史变迁的学说，要给它下一个明确的定义是比较困难的。因为与其说自由主义是一种学说，不如说它是一种随着社会发展而变迁的社会思潮。学者们普遍认为，作为社会思潮，自由主义也不应被看成是由一成不变的道德和政治价值构成的固定和抽象的术语，而应被视为由肇始于文艺复兴和宗教改革运动的现代观念所激发的特定历史运动。在自由主义学说的起源上，学者们同样有不同的意见。有人认为自由主义学说和民族主义学说一样，是西方近代的产物。也有人将自由主义学说的根源追溯至古希腊。对于处于动态中的自由主义而言，想找到一个综合性的概括，用以兼容自由主义各种信条所表现出来的特殊形式，几乎是不可以思议的。安东尼·阿巴拉斯特（Anothony Arblaster）认为：“自由主义不仅仅是一组价值。与许多人，包括自由主义者都承认的观点相比，自由主义是一种更加连贯的、包罗万象的世界观。”[①]

要问自由主义的核心主题是什么，其实这和问民族主义的核心主题是什么一样，同样找不到一个标准的回答。从纵向而言，自由主义学说在西方历史上并不是一出现其意思就简洁明了的，也不是形成之后就不再改变的。从横向来说，自由主义学说的内涵存在着地域的差异，英国的自由主义和德国的自由主义存在差异，当然也不同于美国的自由主义。但是这些似乎不妨碍我们寻找它们身上一些共同的东西。台湾地区学者江宜桦就为我们总结出自由主义的六大原则，基本上能为自由主义划定一个较为清晰的界限。

---

① [英]安东尼·阿巴拉斯特. 西方自由主义的兴衰[M]. 曹海军，等译. 长春：吉林人民出版社，2002：15.

“第一，个人权利。自由主义是具有浓厚个人主义色彩的信念。个体的价值大于集体和国家的价值，其他集体（社会和国家）必须高度重视个体价值，尊重个体价值。

“第二，多元宽容。自由主义既然认为人人具有自主性，每个人当然可以形成与他人不同的价值、信念与行为模式。

“第三，立宪政府。国家的成立若不是为了更有效地保障个人应当享有的权利，就不存在其正当性。

“第四，国家中立。国家不能成为任何特定族群、宗派、阶级、党派的统治工具。

“第五，私有财产。对于自由主义者而言，私有财产具有与生命、自由等同等价值的神圣性。

“第六，市场经济。以自由开放竞争方式来决定社会资源的分配，反对政府的过多干涉。”①

自由主义本质上是一种国家的学说，其核心是界定个人与国家的关系。自由主义学说在论证国家建构过程中，寻找到一个非常重要的论证方式——契约论。也就是说，在国家建构之前，人们本来是生活在自然社会当中，每个人都是生而平等、生而自由的。这种自然状态下的人当然会产生矛盾和冲突，要保护自己的自然权利，他们当然必须付出代价。而最小的代价就是人们通过让渡部分权利，签订契约，组建国家政府来保护人民的天然权利。之所以要签订契约，是因为自由主义认为权力是一种恶的东西，容易走向专制和腐化。自由主义的国家是一个权力有限并受到限制的“工具化”国家。这种工具化国家并不是一个有机的结合体，而是一个机械的组合体。

自由主义，尤其是早期自由主义的政府观念，主要表现为对政府角色和地位的不信任。在个人和政府之间的关系上，自由主义者毫不

① 江宜桦．自由主义、民族主义与国家认同[M]．台北:扬智文化事业股份有限公司，1998：105-106.

犹豫地站在个人这一边，认为个人的基本权利是不可侵犯的。对于个人自由与国家关系，洛克的观点是很鲜明的："人们成立联合政府和置身于政府之下的重大的和主要的目的，是保护他们的财产。"[①]洛克这里的财产是指人的生命、自由和不动产。洛克的契约政府是建立在政府与个人之间的一种契约，也就是说个人是为了克服自然状态的种种不便，自愿把个人的部分权利让渡给政府，政府必须严格遵守它与个人之间的这种契约关系，不可以为所欲为；如果政府违背契约，超出契约的范围，政府也将面临解体。因为自由主义者都对政府表现出极大的不信任感，他们总是为政府设置种种限制，防止政府权力对个人的倾轧和干扰。自由主义者以自然法则和社会契约为政治原则，认为国家和政府存在的目的就是保护人们的权利和自由。自由主义者对政府的恐惧并不代表自由主义不需要政府，它承认国家存在的必要性，但只是把国家看作人类为了过一种共同的、有秩序的生活而不得不付出的代价。为了将这种不得已的代价控制在最小范围内，自由主义者普遍主张通过制度设计去限制国家的权力和活动空间。很多人因此认为自由主义学说是弱化国家的地位，事实上其主张并不是如此。自由主义者在主张限制国家权力的同时，也强调国家在提供公共物品与保障社会正义上发挥积极的作用，强调国家在国家的交往中保护本民族利益的重要作用。[②]

（二）自由主义与民族主义之论争

自由主义学说在民族国家建构上，与民族主义学说存在明显分歧。民族主义学说认为民族国家绝不是一个纯粹人为建构的政治性存在，相反，民族国家是有机的、自然的，其基础应该是精神的和文化的。而自由主义学说认为民族不是为了产生国家而存在，相反，民族

① [英]约翰·洛克．政府论[M]．杨思派，译．北京：九州出版社，2007：461．

② 李强．宪政自由主义与国家建构[C] // 王焱．宪政主义与现代国家．北京：生活·读书·新知三联书店，2003：21．

是由国家创造的。民族不是自在的，而是由国家建构的。民族一开始就和拥有主权的国家同义，是政治斗争的产物：

“一个国家是自由和平等的人们友好和谐地团结在一起为了一个共同的目标而奋斗的社团。你们必须缔造国家并保持它的本色。国家不是个聚集体，而是一个联合体。任何真正的国家都有一项始终如一的权力。只要这项权力的一贯性由于存在着等级、特权和不平等状况而遭到破坏——那里大部分人的力量和才能受到压抑和不起作用，同时又没有任何为人人所接受、承认和发扬的共同原则——那里就没有真正的国家。在这种情况下，不可能有任何民族——任何真正的人民，而是只有人群，即环境使其偶然聚集在一起而环境变迁时又将分开的一群人。”①

因此，对于自由主义者来说，一个民族国家的领土与社会边界是偶然造成的，什么人有这个权力去界定政治共同体的领域边界，也完全是历史的偶然发展，而共同体内所谓的共享的血缘、语言、历史等民族意义，实质上都是虚幻不可信的。在自由主义者的眼中，只有普遍的个体人权、平等法制、公平正义和民主宪政。西方自由主义者从开始就相信人性是共通的，只要加以适当的教育，必能充分发挥理性，扫除一切迷信无知，追求文明进步的生活环境。而现实中的国土疆域边界并不是人们认同的障碍。②自由主义者对于移民非常宽容，只要求他们认同共同的政治文化，这一点并不和移民原有的族群文化相违背，正如哈贝马斯所言：“一个政治共同体的认同主要依靠政治文化所培育的宪政原则，而不是所谓个体的伦理文化生活，因此它不太可能会被移民所撼动。这也就解释我们为什么要求新加入的公民应

① [意]朱塞佩·马志尼. 论人的责任[M]. 吕志士，译. 北京：商务印书馆，1995：89-90.

② 江宜桦. 自由主义、民族主义与国家认同[M]. 台北:扬智文化事业股份有限公司，1998：105-116.

该致力于吸收新国家的政治文化，而不要求他们必须抛弃原来国家的文化生活。我们所要求于他们的‘政治文化调整’并不意味着他们全盘社会化。”①

与民族主义不同的是，自由主义为我们提供了另外一种认同模式。在自由主义者看来，民族认同尽管对维系国家的运转具有积极作用，但是其中存在的不稳定可能使得代价太高。他们认为，在一个多族群、多文化并存的社会中，必然会有文化认同杂然并存的情形。“在文化认同歧异的情形下，政治社会的共同基础不能诉诸这些文化认同，只能以各个族裔都接受的东西为准。这个部分比较可能在政治制度方面寻得，例如宪政共识、基本公民权、经贸体系、福利措施等等。”②与民族主义者注重以语言、文学、历史等为核心的国家认同不同，自由主义者恰恰相反，“自由主义对国家认同的处理基本上是采取强调制度认同，减低文化认同的做法”③。

因此，自由主义者在建构社会理想结构的时候，极为强调权利之保护与法治之原则，自由主义理想中的社会是个人自由、利益与社会正义及安全之间均衡的社会。为了达到这种均衡，必须有一套明确规定并强调实施的法律，一方面用法律限制政府的权限和行为方式，另一方面用法律规定个人的行为边界，防止个人的专断去倾轧别人的自由。所以，自由主义者认为国家保护民众的基础在于制度设计，而非道德义务等因素。因此，个体对国家认同的关键在于国家本身的制度设计的合理性与公平性。在自由主义者看来，公民对国家认同的基础，已经由地域、血缘、文化等因素转向了公民的共同实践政治权利的集体意志，也就是转向了宪政制度等因素，关注制度是否足以保障个体的自由和权利。

自由主义者还认为，在与他人关系上，个人不存在任何明确的义

① [德]尤尔根·哈贝马斯. 后民族结构[M]. 曹卫东，译. 上海:上海人民出版社，2002：17.

② 王焱. 宪政主义与现代国家[M]. 北京：生活·读书·新知三联书店，2003：66.

③ 王焱. 宪政主义与现代国家[M]. 北京：生活·读书·新知三联书店，2003：68.

务。所有人都是平等的、自治的个体，个体对国家只承担非常有限的义务。也就是说，国家是实现自我利益的必要工具，他们愿意为国家贡献自己，也是基于国家保护自己的设想，所以为国家去牺牲一切甚至献出生命只是个体的自由选择，和道义无关。自由主义者把个体从文化中抽离出来，使得人的存在失去其文化背景和意义，事实上，认同是人们意义与经验的来源。在这点上自由主义的国家认同遇到了一些显而易见的挑战，而这也不可避免地成为民族主义者尤其是社群主义者猛烈批判的对象。一方面我们得承认，当代世界政治格局中，没有国家保护的民族很难在国际社会中得到承认，甚至连生存权利都没有。另一方面，我们又要认识到，自由主义以民族的政治性否定民族的历史文化的逻辑也是不符合民族发展的事实的。米勒就批判人们把民族国家单纯看作是一个利益的共同体，而忽视民族国家更是一个伦理共同体的观点。他认为：

这意味着如果我们把民族视为一个伦理共同体，我们就不只在谈论一个存在于一群相互帮助的人之间的共同体，帮助一旦停止，这种共同体也随之瓦解，而是在谈论一个当代人无法断绝关系的共同体，因为它在世代之间从过去延绵到未来。这里，我们开始了解什么使得民族共同体与我们投以忠诚的其他群体相区分；从另外一个角度看，因为这些群体基于成员之间面对面的接触（例如运动团队或专业协会），它们显得更“真实”或更牢固。[1]

人有物质性的一面，也有精神性的一面。米勒的批评是有一定道理的。人都有追求自身利益的一面，但是我们又如何解释人们为了自己抱定的国家信念牺牲自我利益乃至生命的行为呢？自由主义者是无法解释这些问题的，他们在个体对国家的认同上，过分强调人的理性，把人看作是一个利益追求体，而忽略人的非理性，也就是人的情

① [英]戴维·米勒. 论民族性[M]. 刘曙辉，译. 南京：译林出版社，2010：24.

感性的一面。只有民族主义者才能回答这一问题，这正是自由主义国家认同者的软肋。

三、宪法认同与国家认同

民主是民主国家建构的基础。如果一个国家的人民不能作为国家主人享受公民权利，不能享受平等的国民待遇，就不会将国家作为自己的国家，其对国家的忠诚意识就会弱化，甚至背离自己的祖国。而宪法[①]作为国家公民权利保障的根本，是国家获得公民合法性认同的关键。宪法是国家民主制度的基石，宪法认同是形成国家政治认同的根本。通过教育培养公民的宪法认同意识，是整合社会团结、形塑社会政治认同、促进民主社会建构达到稳固国家社会的重要途径。

公民个体对所在政治共同体的心理体验，对共同体运行的政治体制的认同是国家合法性的基础。“一种政体如果要达到长治久安的目的，必须使全邦各部分（各阶级）的人们都能参加而且怀抱着让它存在和延续的意愿。”[②]这种意愿就是一种达成政治共识而产生的归属感和向心力。政治共同体的存在通常是以其成员相互之间存在的政治共识为前提的。而在由无数个体组成的联合体中，宪法作为“以公民为直接主体所创制的，以政府为直接制约对象”[③]的法律，集中体现了民众“公意”，也代表着社会最低限度的政治共识。这是因为，宪法的核心是平衡公共权力与公民权利的关系，防止公民受到国家的侵犯。宪法作为国家公民权利保障的根本，赋予了公民平等的身份资格，对公民权利进行了清晰的界定。公民只有在宪法的保护下，其权利与地位得到保障，才能产生对国家利益和国家独特性的赞同与维护。在现代国家中代表广大民众共同利益并且取得他们普遍共识的政

① 最初意义的宪法是亚里士多德提出的所谓政体或者政治秩序的组织形式，现代意义的宪法包括规范意义上的法律条文，也包括精神信仰意义上的价值体系。

② 刘巧梅. 思想政治教育实质上是价值认同[N]. 法制与社会，2007(1).

③ 江国华. 宪法与公民教育[M]. 武汉：武汉大学出版社，2010：66.

治认同，本质上就是宪法认同。“公民国家认同，便是对作为国家根本法规范下的国家文化和制度架构的认同，即对主权和法统的一种认同，即是一种宪法认同。”①

相对于民族认同，宪法认同是在民主国家的建立过程中，建立在人权、民主与法制等现代政治价值之上的一种与族属、血缘、地域等因素相分离的政治认同。哈贝马斯认为宪法认同是建立在超越民族之上的交叠共识，“宪法表达的是一种形式上的共识。公民们愿意用这样一些原则来指导他们的共同生活。这些原则之所以能够在公民当中达成一致，是因为它们符合所有人的共同利益”②。他说宪政认同是以基本人权和民主宪政为国民凝聚力的焦点，其认同基础不是以特定的民族历史文化为支撑，而是以足以培养公民德性的政治文化，例如理性、妥协、沟通、宽容等为基础：

> “多元文化社会的国家证明了培养宪政原则所需要的政治文化并不要求所有公民分享相同的语言、族群或文化根源。相反，政治文化本身就可以作为宪政爱国主义的共同根基。这种爱国主义同时强化了我们的信念，让我们知道虽然多元文化社会中有许多不同的生活方式，却可以并行不悖，维持同共互见之局。”③

哈贝马斯继而又说：“公民民族的认同并不在于种族文化的共同性，而在于公民积极地运用其民主的参与权利和交往权利的实践。这里公民身份的共和主义成分，与对一个前政治性的通过血缘、共同传

① 江国华.宪法与公民教育[M]. 武汉：武汉大学出版社，2010：376.

② Jürgen Habermas, “Citezenship and National Identity”, The Condition of Citizenship [M]. Sage Publications, 1994：24.

③ [德]尤尔根·哈贝马斯. 在事实与规范之间：关于法律和民主法治国的商谈理论. [M].童世骏，译. 北京：生活·读书·新知三联书店，2003：266.

统和共同语言而整合的共同体的归属性，完全分离开来了。”①宪法的实践过程实际上就是公民理性的运用和表达的过程。哈贝马斯对以上国家整合的设想，与自由主义者对政治共同体的理解是一致的，族群因素让位于宪政制度的考量。虽然自由主义者也承认，诸如性别认同、宗教认同、信仰认同等文化认同因素是塑造个体自我的重要因素，但是他们认为国家认同与这些认同关系并不大，也就是这些类似的文化因素对于个体的国家认同没什么影响。个体对于国家的认同只是在于国家制度是否是合理的，是否值得去赞同和维护。在个体对血缘族群以及历史传统的认同上，自由主义者抱着非常宽容的态度，个体有自由选择的权利，也就是说，可以选择何种文化传统，也可以选择放弃何种文化传统。强制的族群认同或者文化认同，反而对自由主义者来说是适宜的。自由主义者的多元宽容，体现为价值上的多元性宽容。

在一个愈加重视人民民主和政治合法性的时代，一个真正稳定和团结的国家应当建立在公民对其政治文化认同的基础之上，而只有宪法才能够将一国的政治文化包含其中，从而解决权力的正当性来源问题。②因此，借助于宪法这一表达人民共识的媒介来重构公民的爱国主义情感应当是一个理想的选择。尽管民族主义在现代民族国家的建构过程中起着非常重要的作用，但是随着时间的推移，其已经无法独自担当完成社会整合这一重任。而我们所需要做的就是重新寻找一条新的路径，以在更大的范围内实现公民对国家的认同和社会的有机团结。诉诸宪法爱国主义固然并不是唯一的选择项，但却是非常重要的选项。亨廷顿认为：“人们对国家的认同并不是固定的和永远不变的，民族主义也不是时时处处都具有压倒一切的力量。只有当人们认为自己同属一国时，国家才会存在，而人们对自己的看法可能是有高

① [德]尤尔根·哈贝马斯. 在事实与规范之间：关于法律和民主法治国的商谈理论[M]. 童世骏，译，北京：生活·读书·新知三联书店，2003：658.

② 以上参见江国华. 宪法与公民教育[M]. 武汉：武汉大学出版社，2010：356-357.

度可变性的。”[①]国家只有基于宪法所规定的公民权利，不断回应公民的权利诉求，推进保障公民权利的制度建设，才能获取公民对国家制度的赞同、支持，从而强化国家统治权威的合法性和正当性。宪法认同代表的是一种超越于民族之上的以共同利益为基础的集体政治共识，它是国家主权合理性的重要基础，也是公民国家认同教育的核心内容。

四、政治维度的国家认同教育

民族国家的建构不仅仅是政治制度的建立问题，也是一个政治文化认同的问题，需要通过公民教育加强公民政治认同教育，形成现代意义上的公民身份与国家认同。对于现代国家来说，利用教育来灌输政治意识一直就是国家的重要目的和职能，通过教育将不同民族融合为一个国家的公民，一直就是一个非常合理的过程。“如果孩子在平等的怀抱中得到培养，如果他们被浸淫在国家法律和公意的原则中，如果他们被教育去尊重那些首屈一指的事情……我们将可以毫不怀疑地相信，他们将会学会彼此如兄弟般地珍爱，不会去学那些与社会意志相悖的事情。”[②]孟德斯鸠认为公民爱国教育的好坏是共和政体成败的关键，共和政体的全部力量在于培养其公民热爱法律和国家的美德，教育的当务之急就是培养公民对国家政体和法律的爱。在现代国家中，学校教育如此紧密地与国家的目标捆绑在一起。

（一）政治维度的国家认同教育的目标

1. 培养公民对以宪法为核心国家制度的认同

宪法认同是凝聚公民共识和达成社会团结的重要基础，没有宪法认同，社会整合就失去价值基础，国家将会分崩离析。因此，只有通

① [美]萨缪尔·P.亨廷顿．我们是谁？美国国家特性面临的挑战[M]．程克雄，译，北京：新华出版社，2005：90.

② Adrian Oldfield. Citizenship and Community: Civic Republicanism and the Modern. World[M]. London: Routledge, 1990：70–71.

过宪法认同教育增强国民对宪法的共识，并以宪法为凝聚核心来整合社会团结，形塑社会的政治认同，才能将无数个体有机统合起来并形成国家的归属感和向心力。古希腊的亚里士多德说，一个城邦应该经常教育其公民使他们能够适应城邦的政治体制，“在同一城邦中对所有的公民来说，应该遵循同样一个教育体制”[①]，也就是按照政体的精神来实施的教育体制。随着现代“权利时代”的到来，宪法在国家政治生活中发挥着日益重要的作用，关于宪法知识、宪法精神与宪法意识的教育已成为世界各国公民教育的核心内容之一，普及宪法知识、培养宪法意识是各国公民教育的共同目标。这是因为，宪法体现的宪法精神与宪法价值所代表的是一个国家和民族的充满正义的感召力，是促进国家和民族发展的内在驱动力，是维护国民价值和尊严的基石。公民只有形成宪法至上的敬仰和信仰之情，才能使宪法成为社会各阶层共同的情感纽带和人们生活中的共同权威，并由此激发公民形成依附并且致力维系所属民族国家的义务感和忠诚感。

宪法既是公民权利的法制化，也是国家民主制度的法律化。宪法认同除了以拥护国家作为形式支撑之外,还需要国家成员内心对国家政治体制的赞同和拥护。认识、接纳和认同本国的国家制度是世界各国公民教育的基本目标之一。作为公民教育的创始国，1789年法国《人权与公民权宣言》的颁布标志着公民教育思想的开始。法国的公民教育尽管在不同的历史时期的内容和侧重点各异，除了培养公民的民主观念、权利意识以外，都始终以培养公民认同国家政治制度、服从国家法律规范为根本目的。美国是世界上实施公民教育最早的国家之一，它的公民教育内容丰富，其重点内容围绕公民与政府的关系展开，引导学生认识与理解美国制度的基础与特点、美国政府的目标与职能等，接纳美国的社会生活方式，并培养学生建构理想美国社会制度的能力。德国要求所有的学生到了一定年龄学习《德意志联邦共和国基本法》，从小培植他们对德国社会制度的认同感。

① [古希腊] 亚里士多德. 政治学[M]. 吴寿彭，译. 北京：商务印书馆，1996：276.

宪法是我国的根本法，规定了我国的国家根本制度、根本任务和基本原则，明确了国家的指导思想。我国宪法集中体现了党和人民的统一意志和共同愿望，是国家意志的最高表现形式。我国宪法符合我国基本国情，是我国一切政治社会生活的总章程，具有最高的法律地位、法律权威和法律效力。我国自2014年起将每年的12月4日定为国家宪法日，开展宪法宣传教育，增强宪法意识，弘扬宪法精神，维护宪法权威，推动法治中国建设。习近平总书记曾作出重要指示："要以设立国家宪法日为契机，深入开展宪法宣传教育，大力弘扬宪法精神，切实增强宪法意识，推动全面贯彻实施宪法，更好发挥宪法在全面建成小康社会、全面深化改革、全面推进依法治国中的重大作用。"[①]通过宪法认同教育，人们可以了解我国宪法确立的国家秩序，了解宪法的核心价值，了解自己在国家中的地位，了解自己的权利和义务。

2. 培养公民对以宪法为核心的国家制度精神的认同

宪法观念和意识要真正进入人心，则宪法要由文本法律转变为公民心目中的内在理念，成为公民日常生活中不可缺少的一个部分，并深深地渗透到公民的日常生活当中，成为公民言行的准则。这种效果的取得，不在于宪法本身的威慑作用，关键在于公民对宪法内在精神与价值的认同并产生情感共鸣，从而确立坚定不移的宪法信念。假如宪法只是立宪者的一厢情愿，自以为是地将其价值理念强加于社会民众，民众的政治情感就会转向冷淡以至于最后的抵触和反抗。任何缺乏价值共识和价值认同基础的宪法，民众只能出于对法律惩罚的恐惧去遵从，而一旦到了无法忍受的地步，民众便会冒着宪法威慑和制裁的危险越过法律设置的界限，整个社会也将因为失去团结的基础而走向崩裂，国家由此失去稳定和安全。因此，公民的宪法认同程度取决于宪法价值与公民内心所认同的社会价值的同向性程度，价值同向性程度越高，公民的宪法认同就越强烈，国家也更趋于安定与稳固。

---

① 习近平．在首个国家宪法日到来之际作出的批示[N]．人民日报，2014-12-04.

人权价值、民主价值和法制价值被普遍认为是宪法价值的根本价值。[①]这三大根本价值构成了其他宪法价值的源泉，也就是说，其他一切形式的宪法价值都由此派生出来。从这个意义上来说，宪法认同教育本质上就是人权精神教育、民主精神教育和法制精神教育。首先，“人权精神是政府正当性的基石奠定，也是宪法本身合法性的度量标准，甚至是整个社会正义之基准”[②]。人权精神教育就是通过关于人权的课程、教材，传播普及关于人权的知识、技能和价值观。传播人权理念，培养公民人权意识和人权精神是人权教育的核心。促进对自我和他人人权的尊重、发展独立人格、促进不同群体的包容和尊重、增进社会公正是人权教育的目标。其次，民主是实现公民平等参与权利和利益表达的宪法主体之间的对话机制。培养公民民主意识与民主参与能力，形成民主品质以及塑造民主精神是民主教育的主要内容。最后，法制是保障社会治理方式从“暴力统治”向“法律统治”转变、社会分配方式从“身份”向“角色”转变的重要基础。[③]培养公民法治意识，形成理性的法治精神是法制教育的根本。通过公民三大宪法精神教育形成公民的宪法信仰是公民宪法精神教育的最终目标。

（二）政治维度的国家认同教育的内容

1. 国家核心价值观教育

国家制度体系的设计本身蕴含了国家核心价值观，国家制度实质上是国家核心价值的制度化体现。国家认同本身包含了对于国家政治体系所体现的一套核心价值体系的认同，核心价值是一个国家制度赖以存在的最为深刻的价值基础。综观中外历史，价值观认同都是维系国家政权和社会秩序的重要因素，国家总是通过核心价值观实现国家

---

① 江国华. 宪法与公民教育[M]. 武汉：武汉大学出版社，2010：388-389.

② 江国华. 宪法与公民教育[M]. 武汉：武汉大学出版社，2010：393.

③ 江国华. 宪法与公民教育[M[. 武汉：武汉大学出版社，2010：354.

的整合，进而实现国家的稳固和团结。国家只有建基于国民普遍认同的价值体系，才能实现长治久安，才能激起广大民众的爱国热情和国家归属感，才能激发民众为国努力奋斗的决心。

在国家认同的建构中，价值观的引导具有至关重要的作用。习近平总书记指出："人类社会发展的历史表明，对一个民族、一个国家来说，最持久、最深层的力量是全社会共同认可的核心价值观。核心价值观，承载着一个民族、一个国家的精神追求，体现着一个社会评判是非曲直的价值标准。"[①]核心价值观是指一个国家、一个民族、一个社会在长期的社会历史发展中所形成的共同价值观念体系中，居主导核心地位、对其他价值观起着统领和引导功能的价值体系。不同民族、不同国家由于其所处的条件和发展历程不同，产生和形成的核心价值观也各有特点。核心价值观决定了社会性质和社会发展方向，影响着人们的思想意识、价值信仰和社会行为方式。核心价值观是国家稳定的价值基础，"只有那些共享的价值观、象征符号以及彼此接受的法律—政治秩序，才能提供必要的、广泛流行的合法性：顶层的一致协议和国际上的承认，都不足以构建或确认一个国家"[②]。一个国家假如没有统一的为人民广泛认同的核心价值观，就难以形成核心凝聚力。西方资本主义国家在其发展过程中，非常关注社会主流价值观的作用，非常重视代表资本主义意识形态的价值观念对于民族国家黏合的重要作用。例如在近代欧洲国家，他们积极推进"自由、民主、平等"等资产阶级民主思想，鼓吹普世价值口号，让这些国家的移民接受一种"公民—国家"的契约思想，进而建立一种共同的国家意识。美国则试图构建一整套以新教文化为核心的价值体系，淡化民族意识，促进移民接受美国文化，建构多民族文化熔炉，从而使新教文化成为美国移民和早期定居者之间强有力的纽带。

---

① 习近平.习近平谈治国理政：第一卷.［M］. 北京：外文出版社，2018：168.

② [俄]瓦列里·季什科夫. 苏联及其解体后的族性、民族主义及冲突——炽热的头脑[M]. 姜德顺，译. 北京：中央民族大学出版社，2009：465-466.

随着现代化和全球化的不断发展，各个国家更加重视国家核心价值观的建设，通过显性或者隐性的方式对国民进行潜移默化的价值引导，增进国民的国家认同感。例如，美国的学校教育始终贯穿了美国核心价值观教育，始终把美国式的自由、民主、人权等价值观念渗透到国民教育的各个方面，采用多种形式否定社会主义制度及思想。“9·11”事件后，美国社会出现向传统价值观回归的趋势，美国通过加强历史教育等系列措施，强化美国核心价值观教育，以维护美国国家安全。具有很强传统特色的英国同样十分重视国家价值观教育，强调学生对英国传统文化遗产的继承。随着全球化进程的推进，英国愈发认识到核心价值观的重要作用，将其提升到“国族身份认同”的认识高度，并结合本国国情强化核心价值观的主导地位，积极探讨和宣传其核心价值观。[①]面对诸多社会挑战，法国更加重视公民国家责任感和公民权利义务意识的培养。培养有国家情感和社会责任的法兰西公民一直是法国爱国主义教育的重要内容。2015年1月，《查理周刊》遭遇40年来最严重的恐怖袭击，法国多年奉行的文化多元主义等价值观教育遭遇了前所未有的挑战。随后，法国教育部推出了“共和国价值观学校总动员计划”，加强学校中的传统文化和历史教育，强化青少年对法国核心价值观的理解和认同。2015年9月，法国总统奥朗德宣布将2016年定名为“马赛曲之年”，强调《马赛曲》承载了法国文化和历史，是学校传承法兰西精神的重要载体。新加坡在1991年颁布的《共同价值白皮书》中把“国家至上、社会为先，家庭为根、社会为本，关怀扶持、同舟共济，求同存异、协商共识，种族和谐、宗教宽容”的共同价值理念作为新加坡核心价值观，核心价值观教育成为新加坡教育的核心内容。[②]

国家核心价值的认同，对于一个国家的文化与价值观安全是十分重要的。只有在信仰和价值层面国家得到有效的建构，公民的国家认

① 沈伟鹏，孔新峰．英国的核心价值观及其启示[N]．法制日报，2015-08-05.

② 李志东．新加坡国家认同研究（1965—2000）[M]．北京：中国人民大学出版社，2014：55.

同得到巩固时，国家制度及其创造的国家一体性才能真正地深入人心，一种普遍的爱国心与共同信仰才能有效地发育和成长，国家和社会才会因此走向巩固和安全。当今世界各个国家都在争夺青少年核心价值教育的主阵地，通过国家核心价值观教育，使国家主流价值观念和生活方式免于外在的和内在的威胁、颠覆或根本性的挑战，某种程度上来说这将关系到国家的未来发展甚至生死存亡。

正因为核心价值观教育在维护国家认同方面具有凝聚和引领功能，我们国家一直都重视国家核心价值观建设。党的十七大明确指出社会主义核心价值体系是社会主义意识形态的本质特征，其根本作用在于以正确的价值导向引领社会思潮。党的十八大报告分别从国家、社会和个人三个层面出发，提出了“富强、民主、文明、和谐，自由、平等、公正、法治，爱国、敬业、诚信、友善”的社会主义核心价值观，从根本上体现了中国广大人民群众在社会主义制度下的价值取向与追求。社会主义核心价值体系是社会主义制度的内在精神之魂，是社会主义制度在价值层面的本质规定，是社会主义意识形态大厦的基石。社会主义核心价值观是保障国家稳定、维护国家统一以及实现民族繁荣的价值基础。

2. 政治常识与民主知识教育

国家通过公民教育普及基本的政治常识与民主知识。这些常识性的知识是塑造公民意识与培养公民能力的基础和前提，也是维系国家民主制度健康、正常运转的根本保障。当然，这里我们必须要指出的是，和民族这个概念一样，民主是历史的概念和境遇性的概念。民主作为一种人类社会的政治实践，具有多样性特征，在不同的历史时期和不同的社会背景下会有不同的民主模式。不存在一个统一的民主标准，民主具有普适性，也具有特殊性。

公民民主意识和民主能力的获得离不开教育，国家总是通过教育传播与本国政体相适应的民主知识和观念，维护国家整体的稳定性和统一性。怀特说：“如果民主要生存下去，公民们必须知道如何实施民主制度。然而，人类生来对政治是无知的。除非他们在后天生活中接受有关政治事务的教育，否则他们会依然保持这种政治的无知。”[①]通过民主教育，使学生了解民主的内涵和实施程序，培养民主的信念，从而具备现代民主社会所必需的民主知识和民主素养。以美国为例，“美国公民教育是为学生参与公共的民主生活做准备的。要让学生了解政府机构、政治原理、社会与政治发展趋势以及不同层次的政治、经济和道德问题。因为，不了解各级政府，不知道当前地方的、国家的与国际的问题，就难以参加公共生活。”[②]美国1994年颁布的《公民学与政府国家标准》是第一个美国公民教育的指导性文件，集中体现了美国中小学有关美国政治制度方面教育的目标、内容与要求。《公民学与政府国家标准》明确指出其目标是培养了解美国政治民主制度、能够保存和发扬美国宪政式民主政治的基本价值和原则的公民。《公民学与政府国家标准》从公民知识、公民技能和公民道德品性等方面提出具体的培养目标。在内容上，将公民知识概括为五大核心主题，分别为：第一，什么是公民生活、政治、政府？第二，什么是美国政治制度的基础？第三，美国宪政民主的任务、价值观和原则在政府机构设置的体现；第四，美国与世界事务及世界其他国家的关系；第五，公民在美国民主中的角色。[③]美国制定《公民学与政府国家标准》，指导各州实施公民教育，主要目的是使公民认同美国宪政民主的基本价值观和原则，有效参与国家民主政治生活。为使学生认同美国宪政民主价值和原则，美国要求学生知晓关于公民和政府的基本知识，理解美国的宪政民主和政治体系。而为了能够让学生在未来有效参与政治生活，美国还要求学生在掌握民主知识、知晓国家政治制度的基础上，在日常生活中熟练运用相关知识参与民主实

① White, P.A.Education, Democracy and the Public Interest[G]//R.S.Peters. Philosophy of Education, Oxford: Oxford University Press, 1973：227.

② 高峰. 美国公民教育的基本内涵[J]. 比较教育研究，2005(5).

③ 美国公民教育中心. 公民与政府课程标准（电子版），1994.

践，识别政治事件的性质、特点和功能，选择自己的立场并为之辩护。①

学校中的公民教育由于其系统性与渐进性，因此能够保证政治常识、民主知识方面的推广教育的有效性，尽管学校以外的其他公民教育途径在此方面也起着不可或缺的作用。尤其是在义务教育阶段，学校统一推行的公民教育国家课程能够为民主思想的普及、国家公民的培养奠定良好的基础，这些都是其他公民教育途径无法企及的。因此，学校教育在倡导公民意识、公民道德以及公民能力等方面的力度以及广度也要优于其他途径。现代国家通过在学校公民教育中设置公民课、社会课、政治课等学科课程使学生掌握有关民主的基本知识。②这些知识是一个现代国家公民应该具备的基础知识，国家有可能且有责任在国民教育体系中把知识传授给青少年，这些知识也是国民形成国家认同的必要基础。

3. 权利意识与责任意识教育

国家获得公民普遍认同的前提是公民权利意识的提高，而要提高公民的权利意识就要从儿童教育开始，每个学生都有受公民权利教育的权利。这些权利意识包括：首先是公民的自由权利意识。公民如果连最基本的自由权都得不到保障，也就谈不上什么爱国不爱国。其次是政治权利意识，也就是公民依法参与国家政治生活的权利。最后是社会权利意识。自由权利和政治权力假如没有和社会权利结合在一起，那么他具有的价值就极为有限。所以马歇尔说："向一个赤贫的人解释说，他的财产权和一个百万富翁的财产权是一样的，他可能会认为你是在胡说八道。同样，言论自由的权利也不会有多少实质性的内容，如果缺乏教育，你就没有多少东西值得说，就算你说了你也无

---

① 聂迎娉等. 美国《公民与政府国家标准》评析[J]. 学校党建与教育，2013(10).

② Richard Pratte. The Civic Imperative: Examining the Need for Civic Education[M]. New York: Teachers College, Columbia University, 1988：49.

法让人明白。”[1]以自由、民主等为核心的权利意识教育是民主维度国家认同教育的重要内容。作为未来公民社会的重要参与者和建设者，当代青少年的公民政治权利意识和参政议政观念关系到未来国家政治的建构与社会的发展。

公民的权利意识离不开公民的责任。权利和责任相互统一，不可分割。每一个公民，不管他是哪个民族，都有维护国家主权、国家独立、国家统一和国家安全的权利和义务。公民个体对国家最为重要的义务一是依法服兵役的义务，二是依法纳税的义务。自由主义传统中的公民以私人领域社会中的个人性为基础，认为公民身份对个人来说只是一种用以获得权利的工具，国家或者说共同体只是保障公民身份及权利的工具。在公民教育上，自由主义反对任何有可能妨碍学生自由思想权利的学校教化，注重公民权利意识的培养。也就是说，基于国家中立的原则，自由主义的公民教育不推行某种特定的价值观念，它尊重每个个体的自我反思和批判能力。学校传授给学生的应该是价值推理和价值选择的能力。它还反对柏拉图式的公民教育，按照自由主义价值立场，个体只要遵守自由民主的宪政制度，认同政治价值基础，并不需要认同其他文化层面的价值观念。显然，自由主义过分强调公民的权利，而忽视了公民对国家应尽的义务。

公民在公共生活践行权责意识的过程中最终将形成公民的德性，即“公民美德”。例如面对公共问题的理性对话意识，不同价值主张者之间的相互尊敬意识，接纳与包容意识，自我批判和反省能力，等等。公民德性包含了蕴含责任的权利意识，蕴含权利的责任意识，实质上是权利与责任的融合。现代公民教育应该帮助公民接受民主政治的价值、规范的政治行为习惯，不断培养大众的、公共的、成熟的参与型公民文化。

① Marshall, T.H. & Bottonmore, T. Citizenship and Social Class[M]. London and Concod, MA: Pluto Press. 1992：21.

（三）西方国家的参与式教育

对于公民个体来说，个体国家认同是从其所拥有的公民身份出发的，是在追求和实现这些权利的过程中与国家结构体及其背后的机制进行有机互动，从而确立自己的国家认知与认知的结构体系。泰勒认为："一个自由的（非专制的）政体的基本条件是公民具有较为深厚的爱国主义认同。由于他们的自由概念，这一点也许是自明的。自由被视为公民自由，即积极地参与公共事务的自由。这种公民之所以是自由的，是因为他们对政治领域之中的决策具有发言权，而这些决策将影响每个人的生活。"[①]因此，"强有力的民主……所依靠的概念在于自我管理的公民群体，把他们联合在一起的，主要不是同一的利益，而是公民教育；他们之所以能够致力于共同的目的和联合的行动，是由于他们的公民态度和参与机制，而不是由于利他主义或良好本性"[②]。公民教育对民主国家的作用主要体现在公民教育的民主化功能上,即通过公民教育塑造公民参与。

政治民主维度的国家认同教育，不能止步于民主政治知识的传授，也不能等同为意识形态的政治灌输、政治教化，认同教育应该通过公民的政治体验活动，培养他们的政治敏感性和政治热情，提高他们的政治理性判断力和政治自觉程度，以实现对国家政治制度的认同与维护。哈贝马斯说："由公民构成的民族并不是在种族—文化的共同体中界定自己的，而是在公民主动行使他们的交流权利、参与权利的实践中界定身份。"[③]公民政治理性形成于个体或者集体之间的民主协商过程。因此，培养公民的政治理性，必须采用民主协商的方法。公民在参与政治生活治理的过程中，逐步养成宽容、审慎、责任

---

① Charles Taylor. Cross-Puposes: The Liberal-Communitarian Debate in Philosophical Argumennts[M]. Cambridge: Harvard University Press, 1995：192.

② Center for Civic Society. Report of the Task Force on Civic Education: The Second Annual White House Conference on Character Buidling for A Democratic[R]. Calabasas, CA, 1995：3.

③ [西]萨瓦特尔. 政治学的邀请[M]. 魏然，译. 北京：北京大学出版社，2014：159.

感、爱国心等品质与能力。亚里士多德、卢梭、涂尔干、托克维尔、泰勒以及密尔等人都对此有一定程度的阐发。①

托克维尔非常重视参与政治对培养公民爱国心的巨大作用。他还区分了两种爱国心，即君主国本能的爱国心和共和国理智的爱国心，他认为要全力以赴地去培养后者，而最好的办法就是使每个人都参与政府的管理工作，因为这“是我们可以使人人都能关心祖国命运的最强有力手段，甚至可以说是唯一的手段。在我们这个时代，我觉得公民精神是与政治权利的行使不可分的；而对将来的欧洲来说，我则认为公民人数的增减，将与这项权利的扩大与缩小成正比”②。他特别列举了美国的例子，认为美国的基层乡镇的民主参与是非常成功的，美国的理智爱国主义其实源自这种乡镇精神。人们通过乡镇的自我参与式民主经历，产生了遵守秩序的愿望，理解了权力和谐的优点，并形成了正确的义务和权利观念。托克维尔认为，如果没有乡镇的独立、自治和强大，国家有的只会是顺民，而不是公民。

“我们对政治活动的理解越深刻，我们便会越少怜悯那些巧言令色却错漏百出的类比，也就越少被那些错误乃至不相干的模式所引诱。我们对自己的政治传统的理解越透彻，我们便越能快捷地运用传统中的丰富资源，我们被各种诱导我们走向无知和上当受骗的幻觉所迷惑的可能性就越小，这些幻觉包括：脱离传统依然可以我行我素；限制传统本身足以成为一种政治导向；在政治领域到处都有安全的港湾，以及可到达或可察觉到进步的目的地，等等。”③

泰勒也非常重视政治参与的价值。他批判以自我为中心的“原子

① 张福建．参与和公民精神的养成[M]//许纪霖，主编．公共性与公民观．南京：江苏人民出版社，2006：241.

② [法]托克维尔．论美国的民主（上卷）[M]．董果良，译．北京：商务印书馆，1988：270.

③ Michael Oakeshott. Political Education[M]. James. Arthor & Ian Davies. Citizenship Education(Vol. 1): The Purpose of Citizenship Education. London: SAGE Publications Ltd, 2008：248.

人”生活，认为这种生活使我们既平庸又狭窄，使得我们对社会和他人缺乏关爱，变得冷漠和自私，生活丧失意义和价值。人们不愿意主动参与，宁愿待在自己的小天地享受自我生活，体验不到善的福祉。更重要的是，缺乏国家社会的团结，很容易为专制主义打开大门，当个体独自面对巨大的国家官僚体系，就会感到无能为力。[①]

密尔也认同政治参与有助于包含爱国情感的公民美德的形成。他认为，既然好政府的第一要素是公民的美德和智慧，那么任何政府具有的最重要的优点就是促进人民本身的美德和智慧。对任何政治制度而言，首要的问题就是在任何程度上它们是否有助于培养公民的各种可向往的品质——道德的、智力的和积极的品质。[②]密尔认为促进公民美德和智慧形成的最好办法，就是让每个公民和别人一样享有充分的公民权利，特别是让每个公民有机会在一段时间内轮流担任某些社会职务。只有在政治生活实践中受到锻炼，公民积极自主的性格才有可能形成。密尔进一步认为，学校教育也同样应以此为目的，“没有这种培养公共精神的学校，几乎就不会感到，不处在显赫社会地位的普通人，除了遵守法律和服从政府以外，还对社会负有义务。不会有和公众同一化的无私的情感”[③]。公民如果缺乏这种参与精神，就会阻碍个人道德的发展，进而损害公共道德和公共利益。也就是说，“参与就是教育。通过参与，公民不仅在知晓程序的意义上，并且在感知互相性而非私人行动的意义上学会如何作为公民来行动……因而，参与的机会越多，公民的学识就越全面而透彻”[④]。当代西方民主政治家都很认同这一信条，认为“政治参与开阔了个人的心胸，使他们熟悉个人直接生活环境之外的利益，使他们懂得公共关切是正当的，他们应该予以关注。一些美德产生于参与，美德反过来又促进了

① [加]查尔斯·泰勒. 现代性之隐忧[M]. 程炼，译. 北京：中央编译出版社，2001：11.

② [英]约翰·密尔. 代议制政府[M]. 汪瑄，译. 北京：商务印书馆，1982：26.

③ [英]约翰·密尔. 代议制政府[M]. 汪瑄，译. 北京：商务印书馆，1982：54.

④ Heater Derek. A History of Education for Citizenship[M]. New York: Taylor & Francis Group, 2004：38.

参与。因此，参与是一个重要起点”[①]。

民众的国家认同既取决于其国家制度本身的合法性，也取决于国家对民众的公民塑造。国家的持久统一与稳定，离不开强大的公民教育。政治维度的国家认同教育以国家宪法制度和宪法精神的认同为核心，以权利意识和公民德性为重点，注重公民政治参与中国家认同意识的培养。但是，一个仅仅基于共同经济利益和积极参与并结合在一起的共同体，假如没有共通的民族文化的向通性，能否激起社会个体内部炙热的国家情感？我们又怎样去解释那些为了国家利益放弃自己权利，奋不顾身地为国家奉献乃至献身的民众的行为呢？外在的制度价值如何才能和以民族为根基的文化价值相融合，从而形塑现代理性爱国公民呢?这将是我们下一章节要讨论的话题。

---

① Oldfield, Adrian.“Citizenship: An Unnatural Practice”[G]//Turner and Peter Hamilton. Citizenship: critical concepts, volume 1, London: Roultedge, 1994：194.

第五章

两种认同维度关系与理性爱国者的培养

公民对国家认同的基础是什么？是政治法律制度，还是历史传统遗留下来的民族习俗、语言、道德或宗教？作为一个特定国家中的“我们”——是政治的“我们”，还是民族文化的“我们”？爱国到底是人所固有的一种天然的情感，还是人的一种理性考量？民族主义者认为国家建立于民族基础之上，爱国热情来源于民族与生俱来的继承性的情感，民族认同突出国家的民族文化特征，国家认同教育的重心应当落在民族历史文化体认和民族精神培育之上。自由主义者认为国家是一个工具化的有机结合体，将爱国看作是一种理智化的利益权衡过程。其民主认同的基础转向自由、平等、民主、参与等政治价值，强调公民对于作为政治共同体的国家宪政、法律的承认与维护，国家认同教育重在个体自由、权利意识、责任意识、宽容品质等方面的培养。

认同本质是人的各种关系的产物，在现代性背景下，民族性与民主性交织于公民的国家认同问题之中，体现了人的理性与非理性的冲突与融合。民族性认同与民主性认同之间的平衡关系到国家和社会的稳定，两者的失衡往往导致民族国家的动荡甚至灾难。正确理解国家认同教育中两种维度之间互相影响的建构性关系，是正确把握国家认同教育的关键。

一、两种认同维度的关系：基于人性的解读

认同本质上是各种关系的产物，当代人的认同中汇集了种种关系，使得当代国家认同成为一个非常复杂的带有矛盾性和生成性的统一体。其中人的理性和非理性之间的关系最为重要。公民的国家认同会同时受到情感和理性两股力量的牵引，呈现出某种程度的选择性。现代国家中民族认同与民主认同的关系存在复杂性和矛盾性，恰好体

现了人的理性与非理性的交织与冲突、矛盾与整合。

人不是一个抽象的概念，人是具体的、历史的，是一个理性和非理性的结合体。现实的个人都是理性和非理性的统一体，既有理性因素，又有非理性因素。正如恩格斯所说：“在社会历史领域内进行活动的，是具有意识的、经过思虑或凭激情行动的、追求某种目的的人；任何事情的发生都不是没有自觉的意图，没有预期的目的的。”[①]这里就说到了人的理性与非理性两个方面。民族国家认同回应的是两种不同的认同，一种是作为政治国家的普遍的公民资格，另一种是每个人所身处的特殊的族群和文化归属问题。自由主义的启蒙思想将人抽象为一个理性的主体和权利的主体，个体的国家认同是理性的产物。假设我们将启蒙和自由主义运动看作是理性化的过程，那么民族主义在某种程度上是反理性的浪漫主义运动。两者之间的冲突体现了“理性与激情之间的较量”。[②]

(一)非理性色彩的民族认同

非理性是相对于理性的，与人的情感、欲望、意志、非逻辑等相联系。非理性代表着人的某种原始生存状态的冲动，它显示着人与一般生命存在物的某种关联，同时非理性又与动物的本能区分开来，人的非理性应该是人能够意识到的自我本能。非理性具有破碎性、易变性、非表达性等特点。人的生存无时无刻不交织着理性与非理性的矛盾和悖论，因为非理性，人的生存有了原始动力、内在追求。非理性为人们提供了生命的冲动和精神的动力。

现实生活中的人不仅是理性的，也是有情感的，人的情感总是与一定的族群和历史文化相联系，它必须获得一种文化和族群的归属感。人的存在与建构离不开其文化环境。正如约翰·卡尔霍恩（John Calhoun）所说：

① 马克思、恩格斯．马克思恩格斯选集：第4卷[M]．北京：人民出版社，2009：302.

② Ernest Gellner. Thought and Change[M]. London: Weidenfeld & Nicolson, 1971：149.

“没有名字、没有语言、没有文化，我们就不知道有人。自我与他人、我们与他们之间的区别，就是在名字、语言和文化当中形成的……自我认识——不管如何觉得自我是发现出来的，终归是一种建构的结果——永远不会和他人按照独特的方式所做出的判断完全相脱离。”①

作为人类与生俱来的一种自我意识和生命意识的乡愁，以及由此而产生的群体归属感、民族意识与文化关怀，共同构成了国家认同的逻辑起点。民族是一个充满了感情色彩的共同体，是具有内在精神与禀赋的自然与社会产物，是人的存在的重要文化情境载体，并为人们提供了情感的归宿。它源于一种“原生的或者天然的状态”，与人类“与生俱来”的原生情结有关。人性自古以来就有一种对根源感的追求，寻求特定的族群、文化或宗教的归属感。而这种情感追求和归属感，正是人的认同的重要根源。具有内在精神气质的民族对其成员有一种难以言说的神秘力量，让他们产生敬畏感和皈依感。这种民族敬畏感和皈依感是民族国家凝聚力的重要资源。正因为如此，民族主义把民族情感、忠诚看作个体国民身份建构的重要因素。我们需要承认并且正确去面对这种合理的非理性形式存在，因为现实的国家认同与爱国主义在相当程度上来源于这种客观存在的非理性形式。每个民族都有其自己的历史和未来，处于一个历史的连续过程当中，每个个体也是这个连续体中的一个构成部分，担负着民族的道德责任和义务。正是对民族历史、记忆与文化的共享使人们热爱自己的民族和国家。民族情感是一个非常复杂的东西，它并不是依靠逻辑推导而产生，并且有时候甚至难以用语言去表达。民族认同情感让人难以把握，民族情感的爆发有其易变性和短暂性，往往令人难以琢磨、难以把握和难

① 转引自[美]曼纽尔·卡斯特．认同的力量[M]．曹荣湘，译．北京：社会科学文献出版社，2006：5.

以预料。某些时候，一个国家的民众或许可以忍受一个独裁政府的统治，却难以接受一个异族对其也许相对温和的统治。正是因为民族的非理性色彩，使得民族认同意识成为一把双刃剑，它既是一帖民族凝聚的情感凝合剂，也可能成为民族煽情、排斥异己、价值乖戾的非理性宣泄口。

（二）理性色彩的民主认同

人是非理性的存在物，又是一个理性[①]的存在物，理性与逻辑、规律、条理、秩序相关联，而非理性则与人的情感、意志、欲望相对应。第一，理性为人提供生存的理由，追求某种有原因可循、有规矩可依并且可以解释人的生存态度与思考方式以及与之相贯通的生活方式。第二，理性引导着人的生存道路，人的生存是通过理性规定并且通过理性的方式表达出来的。因为理性，人的生存变得有条理、合逻辑，可以理解并被赋予历史连续性。现代性的过程其实就是人的理性不断张扬的过程。当代理性的最大特征在于，人的主体性在认识自然社会和改造自然社会的过程中不断彰显。人类理性被归结为数学的可计算性、逻辑上的形式化和机械上的可操作性。

现代社会将自我看作是一个能够凭借理性进行自发选择的存在者，人的活动是人基于某种价值的选择性产物。尤其是自由主义者，他们否认国家的道德与伦理内涵，否认国家共同体的神秘道德力量，认为国家就是一个人为建构的调节人与人之间利益关系的政治性存在。国家只是一种世俗的东西，不是精神和道德源泉，国家存在的理由完全取决于保护个体利益的需要。个体作为理性的存在者，对国家的选择，完全是自主的选择。个体是否选择和认同它，完全在于国家

① 理性一词来自希腊赫拉克利特的logos（逻各斯）和阿那克萨戈拉的nous（努斯）两个概念。"逻各斯"是作为普遍的规范、法则的存在，它代表着客观性、普遍性和必然性的客体性原则，要求人依附、遵循客观规律从而获得自身的规定性。"努斯"是灵魂、思想或心智，是作为个体精神向上超越的精神能力的存在。它代表着自我超越、不断创造的主体性原则，要求人摆脱物质世界的羁绊，以自我规范对象，使对象符合自我的目的。

能否具有保护个体的功能作用，取决于自己能否从国家那里获得自己所需要的东西，取决于个体在国家中能否获得幸福和快乐。法国启蒙思想家霍尔巴赫说："如果自由、财产、安全消失了，祖国也不存在了。"①在自由主义者看来，个体与国家的关系是一种工具性关系，相互之间是契约式而不是情感式关系。我们不得不承认，人是某种利益的追求者和权衡者，这种利益权衡决定了个体对国家的判断与相应行为。现代的民主制可以说是人类追求理性并取得某种胜利的标志性产物。而共和主义者认为国家是一个具有伦理色彩的共同体，人们对国家的认同是基于价值的选择。

相对于非理性色彩的民族认同，民主认同具有选择性和批判性。民族情感的产生往往是自发的、无条件的，而民主认同是个体的自主选择。他可以选择爱这个国家，也可以选择不去爱这个国家。这种选择可以是基于自我的权利和利益，也可以是基于某种价值的偏好。民族主义爱国常常是不容理性反省或理性批判的爱国，国家一定是以一个正面的形象出现在他面前，他只会以虔诚的心态去面对。建立在民主认同之上的国家认同则不同，他对国家的爱是一种基于自由理想的批判性的爱，而不是对民族文化传统的无条件的爱。

（三）两种认同维度的冲突与融合

人的生存包含着理性与非理性的对立。总的来说，人的非理性与理性相互交织，不可分割。人的生存承载着理性，理性反过来又解释着人的生存，赋予人的生存以"现实的完满性"。人的理性能力是不足以完满的，因为单凭理性，不足以理解"生命"与"存在"的无限丰富性与复杂性。理解生命与存在，需要诗意的直觉与体验，需要热情，而不只是逻辑与反省力。人的生存无时不刻不交织着理性与非理性的矛盾和悖论，因为非理性，人的生存有了原始动力、内在追求；

① 转引自李宏图．西欧近代民族主义思潮研究——从启蒙运动到拿破仑时代[M]．上海：上海科学院出版社，1997：77.

因为理性，人的生存有了方向，不再迷茫，它们相互阐释，在生存过程中相互赋予新的内涵。

由此可见，人需要非理性的生命冲动，又需要理性的必要规约，为人的发展指明方向。我们不赞同像非理性主义者那样把人的非理性看作是人的本质，将人生设想成一场超越理性的神秘境遇；也不赞同任意贬低非理性作用的看法，把人生看作是一场精致的设计。民族认同为人们提供了爱国的情感需要和心理动力，而民主认同则为爱国情感提供了理性的规约，使人的爱国情感走向正义和理性。民族认同与民主认同的矛盾体现了人的理性与情感的交织与冲突。两者的融合体现了人的理性与非理性的统一。进一步说，情感认同让我们获得民族国家的归属感，而理智的爱国让我们获得公民生活的启明，获得民族国家的正义，避免狭隘的爱国情感。情感的归属和理智的判断都是不可缺少的。如果说情感是爱国的基础，那么理智则是爱国的升华。

爱国是理性的情感，但是，人们实际形成的国家认同，并非完全基于自我以及个体对国家的功利性要求。因为，国家认同往往与人们必须拥有的原始族群认同纠缠在一起，而这种族群认同的内在支撑并非自我意志与感受，也不是人们的利益满足，更多的是天然的情感与内在的信仰，两者交织于主体的爱国情感之中。

二、两种认同维度的失衡及其后果

民族国家不仅仅是一个利益的共同体，也是一个情感的共同体。国家的凝聚力量需要民族情感提供动力，也需要国家制度进行理性的有效规约。希特告诫我们："可以说，在我们的时代，民族性与公民身份之间的平衡已经成为新生国家建构政治稳定的基石，如果缺失这一决定性的基石的话，就会接二连三地发生混乱。"①现代性背景下，两者之间的失衡往往会导致没有国家民族情感的现代"原子式"个人

① [英]德里克·希特. 公民身份：世界史、政治学与教育学中的公民理想[M]. 郭台辉，译. 长春：吉林出版集团有限责任公司，2010：186.

主义的泛滥，或者使国家陷于失去理性民主价值引导的狂热民族主义的境地，两者都会影响到民族国家的团结和社会的整合，甚至导致民族国家的灾难。

（一）现代“原子式”个人主义之隐忧

现代民主国家的建构，使得个体的权利得以保障，个体尊严得以张扬，成为国家自身获得合法性认同的重要基础。自由主义学说崇尚个体自由选择，强调个体免受国家的干涉。但是，在现实情境中，个体的自由选择也有可能导致极端私利主义和个人的腐化和堕落。自由主义表面上给人们提供了多样化的价值选择，体现了现代社会的自由原则，但是其实质上是对人性的过高估计。进入现代性社会，自由主义契合了现代市场个人主义，从而将现代个人主义推向极致。个人主义是当代人在市场化和商品化过程中的自我疏离。齐格蒙·鲍曼曾分析了当代人的这种“原子式”生活方式。他把传统的生活方式看作是“朝圣者”的生活方式，即人们存在着一个共同的价值目标，一个可以让他们顶礼膜拜的价值目标。而在当代，“朝圣者”已经成为了“漫步者”“流浪者”“游客”，因为人们已经成为了一个个孤独而空虚的个体，生活中他们失去了想要去追求、去实现的共同价值目标。[①]贝克也曾指出：“在发达的现代性中……个体的自主性日益消失。”[②]“原子式”个体生活，正是通过将个体完全从社会独立出来，在自我享受和自我利益的追踪中，把自我从国家社会责任和国家社会义务中抽离出来。表面上，个体获得了充分的解放，实质上却受物质主义和功利主义束缚，以至于失去了个体的生存意义感。只关注私人生活的安逸和享受，使个体丧失了改造社会的勇气和激情；人际关系的疏离使个体失去了借以扩展自己的居间性力量，背离了社会人所应具有的公共责任感。

---

① [英]齐格蒙·鲍曼．生活在碎片之中[M]．郁建兴，等译．上海：学林出版社，2002：94-99.
② [德]乌尔里希·贝克．风险社会[M]．何博闻，译．南京：译林出版社，2004：161.

“整天为追踪他们心中所想的小小的庸俗享乐而奔波。他们每个人都离群索居，对他人的命运漠不关心。在他们看来，他们的子女和亲友就是整个人类。至于其他同类，即使站在他们的身旁，他们也不屑一顾。他们虽与这些人接触，但并不以为这些人存在。每个人都独自生存，并且只是为了自己而生存。如果说他们还有一个家庭，那么他们至少已经不再有祖国了。”①

对个体选择自由的绝对强调，其结果必然导致每一个个体仅仅关注与自身利益紧密相关的事物，进而使得个人生活狭隘化与平庸化。对于此，艾伦・布鲁姆（Allan Bloom）说：“祖国！宗教！家庭！文明的观念，处于茫茫宇宙和个人之间、为人提供在整体中的位置感的一切情感因素和历史因素，都被理性化了，从而也失去了强制力。人们不觉得美国是一项共同的事业，它只是个框架，里边的人民全是孑然一身的个体。如果说存在着一项事业的话，那就是让那些据说处境不利的人也过上舒心的生活。进步的左派谈论自我实现；而右派最流行的表现形式是自由至上论者,即右派形式的左派,他们赞成人人过自己喜欢的生活。”②

现代“原子式”个人主义把个体看作是一个利益的追逐者，他们阻断个体的民族历史文化血脉，将个体置身于一个充斥物质利益的世界，使个体无异于一个没有灵魂的漂泊者，一根没有精神的芦苇。国家就是一个机械的构成物，也就是一个没有任何伦理道德色彩的工具而已。个人与国家之间只是一种利益的关系，而不是一种源于国家成员之间以及成员与国家整体之间的休戚与共的关系，一种追求正义和良善的价值关系，一种个体与国家融合为一的共同体体验关系。自由主义者认为，个体的权利是天赋的，任何人都无法剥夺，这当然是没

① [法]托克维尔．论美国的民主（下卷）[M]．董果良，译．北京：商务印书馆．1988：869.

② [美]艾伦・布卢姆．美国精神的封闭[M]．战旭英，等译．南京：译林出版社．2007：40-41.

有问题的。但是他们认为，个体之所以认同国家就在于国家能够保障个体的根本利益。对于他们而言，爱国只是一种利益的权衡，而非个体内在情感的流露和爆发。假如国家没有能力去保障公民的基本权利，公民就有权利选择放弃这个国家。在民族危机时刻牺牲个人利益去维护国家整体利益，或者说忍受国家对其自由的侵犯，对于个人主义者来说是不可思议的，他们认为自身与国家并没有什么天然的伦理职责。“仅仅由于社会产生的繁荣和安全而支配它们的那些人只是酒肉朋友，他们注定会在你需要他们的时候背过脸去。”①当一个国家处于危机之中并且无法保障民众的基本权利的时候，极端自由主义的国家公民认为不一定需要勇敢地担负起责任去拯救这个国家，维护这个国家的整体利益，个体可以按照自身的利益，选择放弃与离开这个国家。相应地，缺乏民众认同的国家也无法真正保障个体的权利与利益。由此看来，仅凭一套民主的政治制度，不足以保障国家的运行；没有公民的国家情感，没有公民愿为公共利益和福祉献身的勇气，就难以保证国家能够保持稳定和繁荣，能拥有一个美好未来。

（二）现代狂热民族主义之滥觞

与民族文化的虚无主义相对的是狂热的民族主义。现代化与全球化进程的加快，推动了民族主义的扩张，极大地激发了民族意识。民族意识能够促进民族团结和弘扬民族精神，同时也会推高民族认同，并对国家意识和国家认同形成压力。“民族意识既是天使又是恶魔，关键是看它在什么时候和什么场合出现和怎样发挥作用。”②民族意识如果超越和背离了民主国家意识，失去了民主价值的理性引导，就容易陷入极端民族主义，导致料想不到的后果。

极端民族主义极其容易被怀有政治野心和其他政治目的的政治家

---

① [加]查尔斯·泰勒. 答非所问：自由主义—社群主义之争[M]//应奇，等编. 公民共和主义. 北京：东方出版社，2006：390.

② 王逸舟. 当代国际政治析论[M]. 上海：上海人民出版社，1995：128.

利用，他们利用这种狂热的民族主义情感对内实施民族分化政策，对外实施民族扩张。对内，极端民族主义过分凸显本民族历史、语言和文化的特殊性，对其他民族采取排斥甚至敌视的态度，过分强调自己的伦理道德和价值观念并拒斥其他民族的伦理道德和价值观念。这不仅仅表现在弱势民族对先进民族的伦理道德观念的拒斥上，也表现在先进民族凭借其经济优势对弱势民族进行的文化霸权以及文化同化上。无论是哪种排斥，都将破坏民族之间的和谐共处，极端民族主义往往引起国家内部的分裂，造成国家的动荡不安。

在对外关系上，极端民族主义并不是要抛弃民族国家理念，某种程度上反而是一种强化，是与全球化思潮相逆的一股思潮。它奉行固化的传统民族旧观念，打破了民族国家之间的和谐与共处，加剧了民族国家之间的矛盾与冲突，导致社会秩序的动荡与不安。它最终将肢解现有的民族国家，将世界推向“万国寡民”的碎片化之境地。民族认同作为人的天然情感，在任何时候都不能失去国家民主制度的理性规约与引导，否则就会陷入极端民族主义深渊。

（三）两者关系之平衡

民族认同既有文化的一面，也有政治的一面。并且，这两个方面是相互依赖、相互交织在一起的。一方面，共同的民族认同感为公民提供了互相信任的基础，它使得一种真正意义上的商议民主成为可能。民族性是激发民族创造力、塑造民族差异性、形成多元化世界的重要因素。民族认同还为民主认同提供了一定的情境，民主认同根植于一定的国家民族和政治的现实语境当中，其本身是在一定情境中建构的。由于各自民族情境的差异，民主认同的具体实践在不同的国家表现出不同的属性与特征。也就是说，民主具有一定的普遍性，但是由于民族文化的差异，又具有一定的差异性。另一方面，民族认同又离不开国家民主认同的整合。因为在民族国家内部过分凸显不同群体的权利、强调不同群体的认同会对国家的内部团结构成威胁。

自由主义视野中的爱国更多是一种理智化的利益权衡过程，而非个体内在情感的流露和爆发。但是，我们经常从历史中看到一些相反的例子，当国家遭受外来侵略的时候，这个国家的公民是选择离开这个无法保障自己的国家，还是留下来勇敢地保卫其权利和安全呢？也许只有民族情感和民族责任可以很好地回答这个问题。与自由主义强调个体权利优先性相异，民族主义把社会集体意志放于首位，个体在民族危机时刻能忍受国家对其自由的限制。如此看来，个体国家认同感的形成是非常复杂的。既有理性因素，也有非理性因素，这应该与人作为一个理性和非理性融合的复杂性存在有关。

民族的情感需要民主精神的规约和引导，我们需要用国家制度认同规约和引导国家民族认同。当然，这并不意味着我们可以忽视民族因素在培植公民国家认同感中的作用。一方面，自由主义国家认同观认为在一个民主的社会里，只要人们奉公守法，也就不必要在乎应遵循什么民俗庆典和宗教规范，也无需在乎怎么去强调自己的族裔背景或者文化归属，“国家悉听尊便”。假如真是这样的话，我们又怎样理解当今最奉行自由主义的美国却去悉心造就一个统一的美利坚民族的想象共同体？我们又怎么去理解当国家面临危机的时候，国民在民族力量的号召下为了国家的利益甘愿牺牲自己的自由权利甚至是付出生命代价的行为？另一方面，我们也要注意到，随着时代的发展，“民主制度认同”应该成为现代国家认同的基础和主导。假如陶醉于那种模糊笼统的“民族主义”符号，不去顺应时代发展潮流而置现代民主制度于不顾，则国家认同的前景不免让人担忧。

三、现代理性爱国公民的培养

民族主义者突出国家的文化特征，国家认同教育的重心因而落在历史文化体认和民族精神培育之上。自由主义基于个人主义信念，秉承自由、人权、公平、正义等原则，强调公民对于作为政治共同体的国家宪政、法律的承认与遵从，而国家认同教育重在宪政认同和个体自由精神与公共意识的培养。两种主张差异甚大，甚至观点相反。事实上，两者共存于个体国民身份意识的建构过程中，应有机地统一起来，不是非此即彼，而是良性互动。个体的国家认同既是文化—心理上对作为历史文化共同体的国家的接纳和归属，也是政治—法律上对作为政治共同体的国家的选择和赞同。对任何一方的片面强调或忽视，都容易使国家认同要么走向极端民族主义，要么陷入民族虚无主义，并在实践上导致不良后果。现代国家公民教育应该在民族认同与以宪法为核心的民主认同的张力之间培养具有批判意识的理性爱国公民，也就是培养符合时代发展的既有民族品格和民族性精神，又具有现代理性民主意识的爱国主义者。

（一）超越狭隘的民族主义爱国，走向宪法爱国是时代发展趋势

现代化与全球化给我们带来的是一个正在逐渐形成的、涉及全人类的公共生活。[①]社会共同体的价值认同越来越重要，通过国家宪法认同教育培养国家公民的现代民主意识，使人们的思想文化超越地域、族群和狭隘习惯的束缚，形成包含共同价值的公共领域或公共空间，凝聚公民之间的共同情感，这是适应时代发展的必然趋势。与此同时，在现代化发展和全球化加速的背景下，国家认同已经不再是臣民的服从或蒙昧的集体无意识选择，而是建立在公民自主选择的立场上，也就是从强制性灌输获得认同转向通过自由沟通获得认同，这是国民对自身多重角色和多重选择的身份整合的内在要求。个体国民身份认同的复杂化，一方面需要国家不断进行自我建设和提升国民福祉，以给公民稳固的安全感，另一方面需要国家通过公民教育让公民在多重选择中形成理性的判断力，正确处理自我和国家之间的关系，增强国民身份认同感。以宪法认同为核心的民主认同教育是现代国家发展的必然结果，并且随着现代国家发展和全球化的扩张变得更为重要。

---

① 徐贲. 通往尊严的公共生活[M]. 北京：新星出版社，2009：3.

我们很清楚，任何民族国家的经济发展和社会繁荣都是建立在社会团结和稳定的基础上的。要达到社会的团结和稳定，除了要消除民族间的偏见和歧视，建立包容“他者”的社会认同，更重要的是创造和提供各个民族、各个群体充分表达自己意愿和诉求的公共场所、政治机制和制度渠道，以及保证这些制度化渠道畅通无阻的政治法律机制，从而促进族际间的沟通和理解，在各民族平等的基础上达成共识。现代多民族国家内部各民族存在差异和利益诉求的多样性，不仅使其民族问题直接关系到国家的政治合法性，也直接关涉到现代国家的制度建构。现代民主法治的建立与完善是现代民族国家团结和稳定的重要基础。

从民族主义爱国走向宪法爱国，一方面意味着宪法认同对狭隘的民族认同的超越，另一方面又绝非是否认民族认同的民族虚无主义。从某种意义上来讲，宪法认同在本质上不只是一种利益的权衡，更是一种公民的价值选择或价值认同。这种价值选择或者价值认同直接根植于这个民族的历史文化传统之中，相当程度上体现着这个民族的品性或精神。哈贝马斯在谈到欧洲审议制民主时说道：“这是一个根植于具体情境的问题，因为政治问题只有在具体的民族历史和民族经验的背景下才具有意义。在未来的欧洲文化领域，公共的政治文化和来自各成员国民族的艺术、文学、历史和哲学传统之间的差异将会产生。文化精英和大众传媒可能在这方面发挥重要作用。欧洲的宪法爱国主义，不同于美国，必须从对同一个普遍主义法律原则的不同的、受民族史影响的理解中共同生长出来。瑞士的例子表明，共同的政治文化自我理解，可以在不同民族属民身份的文化背景中形成。”[①]任何国家制度的建立与完善，都离不开这个国家制度所针对族群的社会、历史与文化。历史也证明，能够获得持久成长，得到民众认同的国家制度，都一定与其所在的社会历史和文化情境形成了内在的契

① Jürgen Habermas. Citizenship and National Identity: The Condition of Citizenship[M]. London: Sage Publications, 1994：30.

合。对于国民而言，他们所处的社会历史文化是与生俱来、不可抹掉的，它们已经深深地交融于国民的生命与意识当中。

民主政体作为一种形式化的法律体制，它自身无法提供文化上的归属感。因此，它一定要借助民族的想象来寻求文化的皈依。哪怕像美国这样的缺少民族传统的国家，也要创造一种公民宗教，将自己想象为一个政治民族。因此，民主政体从来就不是脱离具体民族而抽象存在的，它依赖特定民族，并体现着这个民族的特有风范。[①]离开了民族历史文化的共同认同，一个国家的民主法制所体现的宪法精神将失去其最终依托。国家如果单纯依靠抽象的法律条文是无法获得人们的忠诚与认同的。进一步说，一个国家宪法所体现的自由、民主、和平等等精神，体现了这个国家民族的文化精神气质，正如宪法学者萨维尼（Savigny）所认为的，宪法认同的本质在于寻求宪法的价值导向和公民普遍的信念、习惯与民族的共同意识的某种契合。哈贝马斯也承认："宪法所蕴含的原则只有根植于由公民构成的民族国家的特定历史情境之中，并且与他们的动机和信念相互关联，才能塑造社会实践，成为构建一个由自由平等公民组成的联合体的驱动力量。"[②]

正是因为民族性，民主在不同的国家语境中具有了差异性。在民主的终极价值上，对个体生命和自由的理性诉求，古今中外莫不一致。但是生命的存在不是抽象的存在，人的价值与尊严也不是外在无条件赋予的，人的价值实现离不开具体、历史的社会条件。追求民主和平等是教育的永恒主题，但是在不同的国度，民主的含义是不相同的，实现民主的方式也是不一致的；实现人性精神之内在超越是教育的向往，可是在一个资源相对贫乏、刚刚脱离温饱的国家，似乎应该让位于生存和竞争的需要。因此照搬别人的理论，带来的只会是实践运用上的"不适症"。

---

① 江国华. 宪法与公民教育[M]. 武汉：武汉大学出版社，2010：354.

② Jürgen Habermas.Citezenship and National Identity: The Condition of Citizenship[M]. London: Sage Publications, 1994：27.

（二）民族品格的塑造和民族精神的培育仍然是当代公民教育的重要使命

从历史发展的角度来看，民族并非是永恒的。民族主义的爱国主义把“我群”身份认知和身份保护放在了首要的位置，从国家的角度来看，它把自我境域、自我民族、自我宗教放在了有限的位置，人类的使命应该使先进的民族精神不断融合并促使产生先进的世界精神。从这个意义上来看，民族与国家并非是永恒的，当一种新的身份形式出现时，一种新的共同体将会出现。作为历史产物的民族国家，未来必将被一种新的共同体所替代。但是在民族仍将长时期存在的背景下，过分祈盼于世界大同的理想，并试图彻底打破当下的民族界限显然是不合时宜的，所谓的没有国界的“世界公民”更加只是乌托邦而已。

因此，在可以预见的将来，民族国家仍然是世界格局的基本治理单位，民族国家的设置仍将影响人们公共生活的基本社会空间。民族国家使一个人的民族或民族文化归属有了具体的疆域感，使他和某个实实在在的政治社会联系在一起。“单纯的政治信条也不足以维系国家认同，一个国家若仅靠政治意识形态立国，那会是脆弱的。”[①]以赛亚·伯林（Isaiah Berlin）是20世纪最重要的思想家之一，他坚信现代社会是一个价值多元的世界，为了保证这样一个多元世界的存在，个人的选择自由很重要，同时也需要不同的民族文化价值和平共存。因此伯林在坚持消极自由的同时，又十分重视个人的民族归属感和文化认同的价值。

一个仅仅基于共同经济利益而参与结合在一起的共同体，假如没有共同的文化的向通性，是难以激起社会个体内部炙热的国家情感的。若仅仅依靠一种外在的制度认同，而缺乏以民族为根基的文化价值注入，宪法认同将难以真正实现。“国家认同需要民族认同供给忠

① [德]尤尔根·哈贝马斯. 包容他者[M]. 曹卫东，译. 上海：上海人民出版社，2002：138-139.

诚情感，宪法认同同样需要民族认同提供情感动因。宪法认同的实现，有赖于文化认同与制度认同的协调。”[①]民族以统一的国家为标志和认同核心，并没有实际上也不可能消除民族文化上的认同，恰恰宪法认同是建立在民族文化认同的基础上的。因此，以宪法为核心的政治认同教育离不开以民族语言、文化、历史为核心的民族认同教育。正因为如此，英、美、德等国家在注重宪法教育的同时，也注重对青少年进行民族传统文化教育。

开展公民爱国主义教育，既要防止统一化的民族同化论，又要警惕狭隘的民族主义爱国论的倾向。民族同化论主张以优势民族文化来统合所谓的劣势民族文化以形成统一的文化形态。实际上，以优势民族文化为主导的同化政策往往是不成功的，因为它使得少数民族的文化和价值受到排斥和边缘化，会引起史密斯所称的“国家渗透力引起的合法性危机”。“当国家攻击少数群体的独特民族感时，这种做法通常是增加了而不是减少了不忠诚的分裂主义运动的威胁。”[②]民族同化主义会造成民族国家内部的分裂与不安。所以，国家在保持内部团结时，应该充分包容而非排斥少数群体的权利要求。民族国家的建构必须以民主的合理建制来满足不同群体的权利诉求。在这一问题上，威尔·金里卡（Will Kymlicka）的分析恰如其分：

“这种整合主要是制度与语言的整合，而不是对特殊习俗、宗教信仰和生活方式的采纳。即便整合进了共同的语言来运作的共同的制度，也仍然应为个人和集体表达其差异性留下足够的空间——无论在公共领域还是私人领域，而所采纳的公共制度应该能包容种族文化的少数群体的身份和民俗。换言之，应该有一种多元而宽容的国民身份

① 韩轶. 从“民族认同”到“宪法认同”——立宪主义视角下民族与国家之间关系之反思与重构[J]. 法学评论，2011(3).

② [英]安东尼·D.史密斯. 全球化时代的民族与民族主义[M]. 龚维斌，等译. 北京：中央编译出版社，2002：120.

和国民整合观。”[①]

民族主义是一种建立在民族共同体成员对自己民族根深蒂固的热爱，以及对自己民族利益深切关怀基础上的关于民族的生存、发展和民族权利的思想观念。民族主义是一把“双刃剑”，有积极的一面，也有消极的一面，假如脱离民主与宪法的轨道而失去现代民主、公平、正义等公共价值的引导，则可能走上极端民族主义的道路,最终伤害的是其他民族和自身民族成员的生存与发展。实际上，人们只有超越了狭隘的民族主义观念，成为真正自主的公民，形成理性的国家认同意识，才能对内结成稳固的国家共同体，对外形成和睦的全球政治与文化生态。

因此，理性的爱国主义教育建立在合理的民族认同与民主认同互相建构的基础之上，既避免极端的民族主义，又超越片面的民主主义。托马斯·雅诺斯基（Thomas Janoski）将之称作“负责的爱国主义”，它确保了公民的自主性，保持公民与国家之间关系的平衡，这不同于那种压倒一切的极端爱国主义，不同于那种要求公民对国家绝对效忠与服从的偏激民族主义。负责的爱国主义“要求公民对国家采取积极态度。它不允许那种消极的犬儒主义态度，只批评国家而不为自己的社会作贡献。负责的爱国主义也优于世界公民论，研究公民理论的许多学者都认为世界公民论不可能实现，因为公民身份只存在于一定界限之内。负责的爱国主义立场优于不可知论立场，因为后者认为对国家的支持或者态度改变都无感情可言，很难动员人们为支持他人权利而做任何牺牲。负责的爱国主义能使民族国家团结起来，而不是使它分裂……”[②]理性的爱国主义就是负责的爱国主义。

公民国家认同，不仅仅是情感的认同，更是理智的判断，以及对

① [加]威尔·金里卡. 当代政治哲学（下）[M]. 刘翠，译. 上海：上海三联书店，2004：647.

② [美]托马斯·雅诺斯基. 公民与文明社会[M]. 柯雄，译. 沈阳：辽宁教育出版社，2000：91-92.

现实行动的参与。理性的爱国主义既要“发乎于情”，又要“止乎于礼”。情感认同让我们获得民族国家的归属感、依恋感，而理智的爱国让我们获得民族国家的正义，行动上的爱国参与让我们获得自我的超越，不再拘于个人的自我，避免狭隘的爱国情感，更重要的是形成自己的爱国能力，切实为国家做出自己的奉献。情感归属，理智判断以及行动参与都是不可缺少的。如果说情感是爱国的基础，那么理智的爱国则是升华，行动上的参与是最终的途径。

第六章

现代化进程中我国的国家认同教育

国家认同是一个民族国家融合了无限智慧、汇聚了无限挑战的时代性课题。当今中国正处于一个充满活力的新时代，一个竞争日益加剧的新时代。中国人民正以昂首阔步的姿态走向世界，以前所未有的自信和从容开辟国家和民族历史的现代化新纪元。费正清说，现代中国的命运是一个漫长而充满颠簸的“现代化”的进程。[①]全球化是以“现代性”为核心价值诉求的现代化（工业文明）在全世界范围内的拓展。处于现代化进程中的现代中国，具有“全球化背景下的转型”这一典型特征。现代化转型是当代中国的基本特征和基本趋势，是当代中国身处的最大背景。

如前所述，在现代化和全球化过程中遭遇国家认同危机，是世界上大多数国家正在经历的事情。白鲁恂在《近代中国的国家形象与国家认同》一书中说过，民族国家的认同危机是转型国家出现的六种危机中“第一位、并且也是最基本的”[②]。在现代化的进程中，中国作为世界上最大的发展中国家，同样会面临类似的问题。本尼迪克特·安德森在其名著《想象的共同体》中说：“中国人从来不缺乏对民族的想象与认同，但他们一直缺乏有关现代民族国家体系的认知。”[③]从现实来看，中国的国家认同在现代化和全球化的进程中受到了诸多挑战。同时，当前世界正面临百年剧变，国际关系错综复杂，不确定性和不稳定性更加突出。在追求现代化、实现中华民族伟大复兴和实现“中国梦”的道路上，我们比任何时候都更需要坚强的民族意志，

① [美]费正清．伟大的中国革命：1800—1985[M]．刘尊棋，译．北京：世界知识出版社，2000：80.

② 复旦大学历史学系、复旦大学中外现代化进程研究中心编．近代中国的国家形象与国家认同[C]．127-128.

③ [美]本尼迪克特·安德森．想象的共同体——民族主义的起源与散布[M]．吴叡人，译．上海：上海人民出版社，2003：15.

需要强大的国家认同，以凝聚中华民族的意志和力量，培育民族精神。只有这样，我国才能实现多民族国家社会生活的和谐稳定，才能在全球化浪潮中，在国家之间的激烈竞争中取得一席之地。因此，融合民族和政治两种维度的国家认同教育显得必然且重要。

一、中国语境下的国家认同

公民的国家认同根植于一定的国家民族和政治现实语境当中，其本身是在一定情境中的主体建构。由于各自民族和政治的差异，国家认同教育的具体实践在不同的国家表现出不同的属性与特征。由于中国独特的民族历史文化，中国所面临的民族国家认同问题显然不同于西方国家。基于现实语境，分析我国国家认同的形成与发展，探讨当代中国国家认同的建构以及面临的挑战，显得十分必要。

中国古代是否有国家认同意识，存在两种不同的看法。一是认为近代以前，中国人只有天下观，而没有国家观。许纪霖就认为，严格意义上民族国家的出现是从晚清开始。在那之前我们只能在“家国天下”的框架里想象国际关系。只有晚清之后，西方列强用枪炮和条约，将清朝逼入以欧洲为中心的新的国际体系，中国方才“被民族国家化”。[①]也有学者认为，这一时期民族和国家观念非常模糊，民族观念、国家观念常被消融在天下或世界观念中，“并不存在狭义的民族观和狭义的国家观”[②]，只有超乎国家的天下观。还有一种观点认为，古代中国存在国家的政治组织形式，就应该有与之对应的国家认同。葛兆光指出：“由于汉族同一性伦理的逐渐确立，宋代以来建立的历史传统、观念形态和文化认同，已经很清楚地形成了汉族中国自我确认的民族主义意识，所谓‘华夏’之辩、所谓‘正统’之争、所谓‘遗民’意识，在宋代以后的形成，本身就是这种国家意识的产

① 许纪霖．谈中国的国家认同与新天下主义[N]．东方早报·上海书评，2012-01-14.

② 钱穆．中国文化史导论[M]．北京：商务印书馆，1994：23.

物。”[①]事实上，与西方相比，中国的国家认同体现出迥然不同的特征。这就表明，中国古代是存在国家认同意识的。与西方凸显领土、主权、民族和政府的国家观念相比，传统中国的国家观念更是一种古代中国人“天下主义”的理想构建。[②]刘森林教授就指出，相比于西方式国家认同主要基于民主、平等理念的狭义政治性，以传统“天下观”为核心的中国国家认同更广泛地与民族的发展相关联。因此中国的国家认同不能仅仅依据西方的国家观予以求解，须同时充分考虑中国传统的天下观的作用。应该说，中国古代国家认同是一个具有多层次的复杂结构，包含了对君主、对王朝、对中国历史文化共同体的认同。

中国传统国家认同思想具有浓厚的伦理蕴味。政治伦理化是中国古代传统社会的重要特征之一。对国家的情感归属和爱既是一个政治问题，又是一个伦理问题，其现实集中体现在“忠君爱国”。在古代中国的君与国关系中，君是国家的主宰和象征，国家与“天下”为君王一人所有，“普天之下，莫非王土；率土之滨，莫非王臣”。忠君必然爱国，爱国就是忠君。爱国既是政治要求，也是伦理要求。“家国一体、由家及国”的社会结构是中国文化的重要特征之一，体现了中国社会独特的民族特色。这种社会结构以血缘为基础，以宗法为纽带，由家及国，家国融合相通，爱家就是爱国，爱国就是爱家。家和国作为两个伦理实体，自然融合在一起，“家国一致”融合了爱国爱家的双重伦理意义。当然，中国传统社会以家为“基业”而建立起来的国家同现代国家有着本质的区别，爱家与爱国本来具有两种迥异的逻辑理路，前者以私人情感为基础，有其深刻的封建统治阶级烙印，后者建基于现代理性精神和公共情感。

晚清以后的中国，随着西方列强的入侵，一方面政治、文化和民

① 葛兆光. 重建关于“中国”的历史论述——从民族国家中拯救历史，还是在历史中理解民族国家？[J]. 二十一世纪（香港），2005(8).

② 彭丰文. 两晋时期国家认同研究[M]. 北京：民族出版社，2009：27.

族的多重危机日益加剧，部分中国知识分子和开明绅士开始走出“天下”为中心的自我观念。另一方面也开启了政治与社会的近代化进程，中国传统的知识和观念系统受到前所未有的冲击。两千多年以来相对封闭和稳定的王朝认同发生了质变，开启了走向现代民族国家认同的进程。传统的天下共同体到晚清时期在西方的冲击下逐渐瓦解。暨爱民在其著作《国家认同建构——基于民族视角的考察》中，梳理了近代以来中国这个民族国家建构的历史脉络：由“天下”观念向民族国家观念转变、民族国家认同初步确立、民初时期地域认同对国家认同的挑战、以中华人民共和国成立为标志的民族国家认同的建构完成。[①]1949年中华人民共和国成立，国家获得了独立，民族获得了解放，人民获得了真正的民主权利，国家真正实现了从王朝国家到人民共和国的彻底转变，新型的民主国家认同完全替代了旧的对专制王朝的认同。

中国共产党领导中国各族人民不仅完成了完整现代意义的民族国家认同建构，而且最大限度地解决了民族认同与国家认同之间的矛盾和冲突。如前所述，现代民族与国家的结合使得现代民族呈现出“两幅面孔”，“中华民族既是以个体为单位构成的政治共同体，又是以族群为单位构成的文化共同体，前者体现在‘民’上，表现为多元且平等的族群关系，前者是政治性的联合，后者是一种文化性的联合”[②]。而事实上，这两者相互融合又难以分开。中华民族共同体建设和社会主义制度建设紧密结合在一起。一方面，中国共产党领导的国家立足于国内和国际新形势，回应民族国家制度建设需求，确立和完善社会主义民族发展政策，推进国家民主政治建设，促进社会公平、公正，保障各族人民政治权利，促进各民族经济社会的发展，巩固中华民族共同体意识；另一方面，中华民族认同意识的巩固，增强

① 暨爱民．国家认同建构——基于民族视角的考察[M]．北京：社会科学文献出版社，2016：252-272.

② 翟志勇．中华民族认同与中国认同——论宪法爱国主义[J]．政法论坛，2010(2).

了国家凝聚力，加强了各族人民对国家政治共同体及其政治系统的信任，促进了国家政治共同体的建构，增强了国家合法性认同。

随着社会主义制度的建立，尤其是改革开放后中国特色社会主义的不断巩固和发展，我国公民对于社会主义国家和中华民族的认同在根本上不存在障碍。我国社会主义国家利益和人民利益高度一致，与中华民族利益高度一致，国家认同在本质上也不同于西方国家。习近平总书记明确指出："当代中国，爱国主义的本质就是坚持爱国和爱党、爱社会主义高度统一。"[①]近年来，中国经济社会取得了巨大成就，增强了国内各民族的向心力和国家凝聚力，增强了民主社会主义的制度认同，进一步增强了民族国家内部的国家认同。根据调查，无论是对中华民族还是对社会主义制度，人民的认同都是积极的，"各民族的民族认同度较高，能够积极地肯定和认同由56个民族组成的中华民族统一体"，"各民族人民对中华民族具有强烈的归属感和自豪感，在国家遇到困难以及外敌入侵时候能够以自己的行动维护祖国的利益"[②]。

二、当代中国国家认同面临的挑战

虽然中国国家认同建构取得了巨大的成就，但是随着全球化的快速推进，现代化进程的加快与社会转型，[③]以及国内外形势的变化，

① 习近平．在纪念五四运动100周年大会上的讲话[N]．人民日报，2015-05-01.

② 新伟，陈占芳．中华民族国家认同状况调查报告[J]．新疆大学学报，2014(5).

③ 何谓社会转型？郑杭生等学者基于社会结构变化视角对中国社会转型进行阐释，认为中国社会转型是指传统社会形态结构向现代社会形态结构转型的过程，也就是从农业的、乡村的、封闭的半封闭的传统社会，向工业的、城镇的、开放的现代型社会的转型。他们所着重强调的是社会结构的转型。李钢等学者从人的价值视角关注社会转型的内涵，认为社会变革的核心是人的价值重建，社会转型本质上应当是以人的价值为出发点和人的终极关怀为核心的发展的过程,社会转型关乎人的尊严与价值的提升，社会转型关乎人的自由发展和人的完整性，社会转型中人的全面发展和人的解放是相统一的，它应当始终包含对个人和社会发展的终极关怀，应当把以实现人的各种需要为目的的全面自由发展和人类社会的整体进步，视为其根本价值。

中华民族认同与社会主义国家合法性认同面临不同程度的挑战，我国统一多民族国家的社会稳定和政治安全受到影响，这就警示我们要强化青少年国家认同教育。

（一）来自西方敌对势力和国内外分裂势力的挑战

西方敌对势力和国内外分裂分子一直就存在，他们给中华民族认同和维护社会稳定带来巨大的阻力。全球化和社会转型加快，这种不稳定因素客观存在，在某些方面甚至变得更加突出。当前，发达国家的优势依然明显，社会主义意识形态和资本主义意识形态之间的斗争更加激烈和复杂。西方国家利用文化渗透推行所谓“普世价值”，对我国的青少年价值观教育带来了不可低估的冲击和影响。一些西方国家抨击我国的政治制度，不断制造中国“威胁论”，将中国“妖魔化”，妄图达到西化中国和分化中国的目的。这都使得我们多民族国家的认同问题变得更加复杂，也对中国青年一代的国家认同造成了严峻的挑战。思想意识上，自由主义、极端民族主义、历史虚无主义等各种思潮，对青少年的国民身份认同建构产生了不良冲击。

同时，西方文化也在侵蚀着我国的本土民族文化精神认同。文化学者庞朴就曾指出：“而文化同时也具有民族性的事实，则因已成世界潮流的资本主义正在冲垮一切民族藩篱，以及国人对自己民族衰弱的痛切意识而变得模糊不清和不敢认识。”[①]西方发达国家一直通过电影、电视、网络等手段，宣传他们的价值理念和意识形态，这在一定程度上削弱了我国青少年的民族文化认同。从电视剧到电影，从化妆品到汽车，从饮食到节日，无不体现了外国文化带来的文化冲击。当代青少年作为思想活跃的年轻一代，对消费文化有着特别的敏感度。现代商品所代表的符号，在现代消费中总是蕴含着文化韵味，释放出鲜明的价值取向。当代流行的西方消费文化正在挑战民族国家形象的认同性，这是我们不得不面对的重要问题。消费文化中包含了民

① 庞朴．庞朴学术文化随笔[M]．北京：中国青年出版社，1996：152.

族形象塑造这个重要问题，它涉及一个民族精神的传承，以及一个民族身份的历史延续性和文化认同性。在全球化的背景下，本土的文化特色不能被全球化的消费时尚所遮蔽。

（二）现代社会转型与利益多元化等问题的挑战

虽然中华民族是一个整体，各族人民之间的利益是一致的，我国公民对于社会主义国家和中华民族的认同在根本上不存在障碍。但是在一定的社会历史条件下，各个民族之间客观上存在经济、文化、具体利益的种种差异，随着现代化进程的加快，这种差异有时表现得更加明显。现代化带来社会的转型。当代中国的社会转型是一个复杂、动态的过程，涉及经济、社会、文化、民族、科学等各种因素，这些不同的因素组成了一幅色彩斑斓、错综复杂的社会图景。转型过程中，旧的固有的社会价值观被打破，新的社会价值观正在形成。在深度和广度上前所未有的价值重建打破了传统封闭性、单一性的社会价值取向格局，形成了社会的多元价值取向。当代社会面临的是一个纷繁复杂的文化场域，中国与西方、传统与现代、高雅与世俗之间的冲突和无序，造成了人们思想上的困惑、行为选择上的无所适从。

这一社会结构的转变，不仅带来社会与文化上阶级的流动性，而且带来社会身份、社会空间的高度不确定性。随着整个社会的转型，社会阶层分化，城乡差距拉大，利益诉求多元，社会矛盾和冲突加剧，“价值共识危机源于社会的高度分化”[①]。从“住房贵”到“上学难”，从民众社会公平问题到官员反腐问题，它们实实在在地出现于民众的日常生活中，直接影响了民众心理，有些甚至左右了社会情绪，影响了民众的社会政治认同。这些因素让一些人产生不安全感。这种不安全感进一步助长了人们的危机意识和自怜情绪，对公共权力的政治合法性提出了挑战。利益的差异必然引起社会政治结构的分化，并最终指向国家政治生活。

① 王虎学. 多元社会的价值重建[J]. 北京师范大学学报（社会科学版），2011(5).

当代社会，自我意识的增强和市场个人主义逐渐深入人心。客观上来说，由于自身经济条件的改善和个人自我意识的增强，当代青年中的一部分不再信奉处处牺牲自我、先人后己的信条，生活方式上更加讲求自身消费质量与总体生活质量的改善，更注重追求一些如生活质量、个人兴趣、工作岗位等具体的目标。许多独生子女，在娇生惯养中长大，缺乏对他人、对社区、对国家的关心。这一定程度上使得当代一些青少年缺乏国家责任感。

经济社会的转型，伴随着体制机制的不健全、权力与资本的结合、部分政府官员的贪污腐化、少数地方政府与民争利、权为利所用等问题，使得政府公信力受到挑战。随着改革开放的深入，西方政治观念、价值和信仰，相当程度地对当代人们的政治原则、价值信仰产生了冲击，对我国的青少年也产生一定的影响。这一切都说明，社会主义国家合法性的危机与挑战依然存在。有些青少年学生由于受到西方价值观的长期影响，加上其自身思想上的不成熟，不能辩证看待我们社会发展中出现的问题，不能正确认识我们制度上的优越性。

中国近年出现的移民问题特别值得我们关注。移民作为公民的基本权利本来无可厚非，但是问题背后所隐含的对国家信心不足、民族责任感的缺失却是不争的事实。即使是无法移民他国，在部分青少年当中也客观存在着精神与情感的归属障碍。当代青少年走出国门的机会比以往任何一个时期都要多。与以往相比，他们显得更加自信，这与我国国力的日益强盛相关。在外国人眼里，中国已经不再是几十年前经济落后与贫穷的形象，而是一个日益走向强盛的国家。但是也有部分青年大学生长期受西方价值观影响，妄自菲薄，对中国文化缺乏必要的自信，对我们国家的社会制度存在不正确的认知。因此，要防止社会离心力的增强，促进社会的整合和团结，我们不仅需要一套解决社会冲突的整合机制，还要通过一种有效的教育方式来培植共同的国民身份的认同感。

当今世界格局正在发生急剧变化，旧的世界治理体系正走向瓦解，新的体系还未形成。应该说，在这样的背景下，要实现中华民族伟大复兴，实现“中国梦”，我们比任何时候都更需要坚强的民族意志，需要强大的民族与国家认同。一方面我们要在发展经济的同时，实现社会分配的公平正义，建立完善的社会保障制度，推进教育公平，尤其保障社会边缘弱势群体的教育平等权，大力提高广大人民群众的生活水平和幸福感；另一方面我们要通过加强国家认同教育，增强公民的国家自信。这些既是增强公民国家归属感和国家自豪感的根本途径，也是提高公民国家政治认同感的重要基础。

总之，面对国内外形势的挑战，我们迫切需要构筑社会主义共同理想，建设政治民主、经济公平、文化进取、社会和谐的社会主义强国，增强国民的自豪感和向心力。同时，还必须站在国家安全的高度创造性地推进以国家政治、文化与历史等为核心内容的认同教育，从内心培植青少年对于中华民族的归属感和社会主义民主国家的忠诚感。

三、我国国家认同教育的建构

（一）国家认同教育的目标定位

我们的国家认同是坚实的中华民族认同和由中华民族建构的社会主义国家认同的有机统一。我们的国家认同教育一方面要筑牢中华民族共同体意识，另一方面要培育社会主义民主政治制度认同意识。前者意味着爱国、自强、自信等中华民族精神的继承与发扬，后者体现了民主、平等、法制、公正等社会主义公民素养的培植。我国的国家认同教育，实质上是培养既有中华民族品格和民族精神、传承中华民族传统文化基因，又有社会主义爱国、敬业、诚信等素养，践行社会主义核心价值观的时代公民。

1. 培育中华民族共同体意识

中华民族共同体是对中华民族所有成员和中国公民的国族身份的集中概括。中华民族共同体意识为维护国家统一提供了思想基础，也为民族团结提供了情感基础。与西方民族国家不同的是，中国历来就是一个统一的多民族国家，历史悠久、文化灿烂，各民族你中有我、我中有你，这为厚植各民族共有的价值观、铸牢中华民族共同体意识奠定了很好的基础。习近平总书记在党的十九大报告中指出："全面贯彻党的民族政策，深化民族团结进步教育，铸牢中华民族共同体意识，加强各民族交往交流交融，促进各民族像石榴籽一样紧紧抱在一起，共同团结奋斗、共同繁荣发展。"①

形成我国公民的国家认同感首先需要对中华民族共同情感的深刻体认和对于中国人身份认同的确立。作为想象的共同体，中华民族共同体总是通过历史记忆和文化符号激发民族成员同属一体的想象，它构成了这个国家、这个民族的历史、文化、宗教记忆的一部分，是这个国家的象征，是联系人民、使他们自我认同及互相认同的纽带。人们生活在同一片领土，由于分享共同的历史记忆、文化习俗等形成了对共同体的归属感。一个国家只有具备为民族所认可的价值观念，形成共同的民族心理、共同的集体记忆和共同文化，才能使国民形成稳固的国家认同感。没有这种深入到国民内心的情感归属的确立，我们的民族国家就不可能凝结成一个共同体，也不可能应对全球化的挑战。

中华文化作为中华民族的宝贵资源，既是维系整个中华民族的精神力量，也是建构中国人身份的文化根基。我们之所以把自己看作中国人，是因为我们的身上携带着中华文化的基因。缺乏这种文化基因，我们就没有作为中国人的标志。中国文化历经千年、绵延不息，主要源于生活在这片土地上的人们，他们从心灵结构上契合这样的文化形态，产生坚定的文化认同，并且一代又一代地把自己视为这种文明的传承者，在这种文化中安身立命，安顿自己的心灵。民族精神根植于中华文化，形成于中华民族的奋斗历史中。中华民族精神建构了中国人的文化基因，体现了中国人独特的精神世界。中华民族精神是

① 习近平．习近平谈治国理政：第三卷[M]．北京：外文出版社，2003：31.

维系中华民族统一的纽带，是推动国家发展的精神动力。

加强中华民族认同教育，首先要引导青少年继承和发扬民族精神。什么是当代中华民族精神？习近平总书记曾对此作出了高度凝练的阐发。所谓中华民族精神，是“中国人民在长期奋斗中培育、继承、发展起来的伟大民族精神”[①]。中华民族精神，涵括四种“伟大精神”，即“伟大创造精神”“伟大奋斗精神”“伟大团结精神”与“伟大梦想精神”。习近平总书记提出的四种精神揭示了我们民族精神的深刻内涵，核心内容是以爱国主义为核心的伟大创造精神、伟大奋斗精神、伟大团结精神、伟大梦想精神。

加强中华民族认同教育，要培养青少年文化自觉和文化自信。中华民族的文化自觉和文化自信是继承中华民族精神的前提。文化自觉是我国著名社会学家费孝通先生提出来的，表达了当前思想界对世界经济全球化的反映。人们在全球化背景下对自身文化要具有“自知之明”，对其发展历程和未来要有充分的认识，这也是一种对文化的自我反省和自我建构。费孝通先生认为：“人类发展到现在，已开始知道我们各民族的文化从哪里来，是怎样形成的，它的实质是什么，它将把人类带到哪里去。”[②]文化自信是我们对自身文化价值的重复肯定和自身文化发展的坚定信心。增进青少年中华民族文化的文化自觉和文化自信，是涵育当代青少年民族精神气质、增强青少年国家认同感的重要内容。

当然，我们既不是否认民族身份的民族虚无主义者，也不是贬低其他民族的狂热民族主义者。对内，我们要打破以汉族为中心的狭隘民族思想，中华民族代表了五十六个民族，是超越了任何一个民族的统一体，“我们首先要构建涵盖少数民族文化内容的多元一体的中华文化概念和符号系统，实施‘文化包容’策略，决不能仅把中华文化符号象征系统界定在汉族文化的有限范围内，要强调中华文化的多样

① 习近平．习近平谈治国理政：第三卷[M]．北京：外文出版社，2020：139-142.

② 费孝通．重建社会学与人类学的回顾和体会[J]．中国社会科学，2000(1).

性形式和多重性内涵，要把少数民族的文化更多地纳入到中华民族整体文化系统之中”①。如此看来，“我们都是黄皮肤，黑眼睛”“中华民族是炎黄子孙”“龙是中华民族的象征”这样的提法显然是不全面的，它以某一民族的特质来代替所有的民族，忽略了中华民族的多元性，不利于增进中华民族的凝聚力。对外，我们需要有胸怀世界的包容意识，而不抱持以本国为中心、无视其他国家正当利益的狭隘的爱国主义。当今世界格局正在发生急剧变化，习近平总书记提出了构建“人类命运共同体”的理念，这是站在人类社会走向、世界形势发展的高度提出的重要理念。习近平总书记说：“人类已经成为你中有我、我中有你的命运共同体，利益高度融合，彼此相互依存。每个国家都有发展权利，同时都应该在更加广阔的层面考虑自身利益，不能以损害其他国家利益为代价。”②人类命运共同体理念超越民族、国家界限，将整个人类视作一个有机的整体，是世界各国人民在“你中有我，我中有你”的共同体中安危与共、荣损相依、合作共赢、权责共担的总体意识。人类命运共同体是应对当今世界面临的各种全球性挑战的中国方案。人类命运共同体这一思想理念有助于我们深化和拓展对爱国主义的理解，正确认识和处理追求人类共同利益和确保本国利益、坚持中国立场和葆有世界眼光等之间的相互关系。

爱国主义从来就不是一种狭隘的民族主义概念。爱国主义应超越狭隘的民族层面，爱国意味着爱国和爱人类的结合。爱国主义不是仅仅追求单个国家的利益，而是在维护全人类共同利益的基础上致力于促进自我利益的实现。爱国主义绝非以自我为中心、无视其他民族的权利与尊严的狭隘的爱国主义，爱国与追求人类的和平、安全、合作、互利、共赢、共享、平等、自由等理念是相统一的。事实上，认同一个国家与接纳别的国家或者国际社会并不是相互矛盾的。最新研

① 韩震．论国家认同、民族认同及文化认同——一种基于历史哲学的分析与思考[J]．北京师范大学学报(社会科学版)，2010(1)．

② 习近平．习近平谈治国理政：第二卷[M]．北京：外文出版社，2017：481．

究也表明，国家自豪感越强的人，对其他国家、国际社会以及移民等的接纳度越高。个体对国家越自信，越不会去担忧其他民族国家会对自身造成威胁和伤害，相比于不自信的国家，也会更加开放。这在一定程度上说明了爱国和爱世界并不冲突。教育我们的学生立足本土视域，树立全球意识，胸怀祖国，放眼世界，超越狭隘的民族自尊和民族主义，自觉和富于鉴赏力地从其他国家民族的文化中吸收有价值的东西，锻造与时代相适应的新型民族精神，这对身处改革开放和走向世界舞台中央的中国，具有重要意义。

2. 培育社会主义民主政治制度认同意识

对于各民族来说，“有什么会令他们安于成为中华人民共和国国民并引以为荣？不是主流族裔（汉族）的文化传统，而是这个国家的制度、思想、价值、文化发展、社会道德，还有对少数族裔文化、语言、历史的尊重。”[①]我国公民的国家认同感形成还需要建立在社会主义民主政治制度认同基础之上。“只有那些共享的价值观、象征符号以及彼此接受的法律—政治价值秩序，才能提供必要的、广泛流行的合法性；顶层的一致协议和国际上的承认，都不足以构建或者确认一个国家。”[②]分享共同的政治价值观念，而非单纯民族情感，这同样是构成一个国家内在凝聚力的关键。要建构中华民族共同体意识，还必须通过民主政治实现从民族认同到国家认同的超越。“多民族国家的和谐、稳定与发展，来自疆域内所有民族对国家的高度政治认同；而对国家这个政治共同体的认同，则是建立在各民族对国家公共权力、文化和经济资源共享基础上，并且依赖各民族通过正常的制度渠道协调文化差异和利益分歧产生的矛盾，最大限度地实现公正和公平。”[③]我们通过公民政治认同教育拓展社会公共空间，使人们的思

① 丁伟．中国民族主义如何凝聚少数族裔[C]//吴晓萍、徐杰舜主编．中华民族认同与认同中华民族．哈尔滨：黑龙江人民出版社，2009：117.

② [俄]瓦列里·季什科夫．苏联及其解体后的族性、民族主义及冲突——炽热的头脑[M]．姜德顺，译，北京：中央民族大学出版社，2009：465-466.

③ 王建娥．族际政治民族化：多民族国家建设和谐社会的重要课题[J]．民族研究，2006(5).

想文化超越地域、族群和狭隘习惯的束缚，上升到社会主义国家认同意识。市场经济和社会的转型，使我们不能再被动、消极地依赖传统的认同模式。过去的人们都是通过血缘、家族、族裔等与国家联系起来，现在人们必须超越血缘等因素走向国家宪法认同。爱国不仅仅是情感，更是一种理智，一种参与。我们的国家认同教育，不仅仅培养民族情感和民族自信，还要立足于政治、经济现实，关注民主、法治和社会建设，培养对社会主义国家民主政治制度的认同。各族人民对社会主义民主政治制度的认同及其认同程度，对于民族团结、社会稳定和中华民族凝聚力等都具有至关重要的作用。

宪法认同是社会主义民主制度认同的基础。社会主义宪法是国家根本法，它规定了国家根本制度、根本任务以及公民的基本权利和义务，是社会主义制度的根本保障。对社会主义国家宪法的认同意味着公民对中国共产党和社会主义制度的肯定、接纳与支持。我国的公民教育应该让公民在对我国社会主义政治制度和法律制度形成理性认知的基础上，在感情上认可和接受这一制度体系，进而在行动上维护这一制度体系。对社会主义制度的认同具体表现在对工人阶级领导的、以工农联盟为基础的人民民主专政的社会主义国体的认同，对人民代表大会制度政体的认同，对共产党领导的多党合作和政治协商制度的认同，对民族区域自治制度的认同，对党和国家提出的各项方针、政策的认同等。对社会主义制度的认同，更重要的是其价值的公正性和合理性得到公民的认可及其行动上的支持。只有这样，社会主义制度才能为公民所认同和维系，其优越性才能体现出来。当然，社会主义制度认同教育，不仅在于使公民认识与理解社会主义制度，自觉遵守与维护这一制度，更重要的是社会主义制度本身的公平正义，以及对公民权利义务的基本保障。只有能够保障公民平等权利的正义的制度才能得到公民的内在认同。

培养公民的社会主义民主意识、平等意识、公正意识、法治意识和参与意识，是当前国家认同教育的另一个重点。通过公民意识教育，使公民树立社会主义民主法治、自由平等、公平正义理念，践行社会主义核心价值观。这些理念的确立，不仅将大大促进社会主义民主政治的发展，而且也将有力形塑社会主义共同价值，提升公民的社会基本制度认同，巩固国家的合法性，维护社会稳定和团结统一。

按照知识、意识和能力三个维度，我们将国家认同教育目标做了基本分析，具体如下表所示：

国家认同教育目标分析表

	作为“民族—国家”的认同目标	作为“政治—国家”的认同目标
知识	了解本民族历史，了解本民族心理、风俗、习惯，理解民族文化，了解民族国家的象征、地理，了解世界其他民族的历史及其文化	了解国家的政治制度、经济体制、政府运转方式，了解公民权利与义务，掌握政治知识、法律知识
意识	具有民族自强自信意识、民族自豪感、世界多元民族共同发展意识、世界和平意识、可持续发展意识	具有政治参与意识、法治意识、权利与义务意识、民主平等意识、公平正义意识、公共意识
能力	具有维护民族团结与国家统一能力、批判反思能力、跨文化沟通能力、国际理解能力	具有政治参与能力、民主选举能力、合作协商能力、批判监督能力、公共表达能力

（二）国家认同教育的重点内容

1. 增强历史与国情教育，在历史与现实的结合中培养理性爱国意识

当代青少年生长在改革开放后，对民族的苦难历史没有刻骨铭心的理解，有时候难免割裂我们民族的发展历史，片面看待当代中国的社会制度。因此，首先要加强历史认同教育和中华民族历史认同教育。应该让当代青少年了解中华民族的奋斗历史，认识到中华民族史是一部各族人民紧密团结、奋发向上的发展史，是中华民族的心灵史；认识到56个民族在历史的长河中是如何不断交往交融，并最终形成一体的；认识到中国在近现代历史中的苦难屈辱和艰难奋斗，感受今天我们取得的伟大成就，树立忧患意识，增强责任意识。只有对民族历史有深刻理解和记忆，才能形成正确的国家观念和民族意识，

产生对自己民族国家的认同感。

加强党史、新中国史、改革开放史、社会主义发展史教育。让青少年认识到中国共产党是社会主义发展的主体，是新中国的建立者，是改革开放的推动者。引导青少年学生认识中华民族这段波澜壮阔的发展史，理解中华民族在实现伟大复兴路上经历的曲折和屈辱，理解中华民族在中国共产党的领导下不断走向新征程的历史。让青少年学生理解中国特色社会主义制度既是历史的产物，也是实践的诉求，是符合我国国情的制度选择，是中国人民在百年历史中探索而得到的真理。引导学生从历史发展的规律中，从当代中国发展进步的深层动因中，从社会主义变革完善的深刻逻辑中，把握当代中国特色社会主义制度的优势、价值和生命力。

其次要加强现实国情教育。通过引导青少年学生参与社会实践活动，增强对国情、世情的了解与把握，客观地看待中国在全球的位置，了解国家发展的未来前景，加强对世界上不同国家不同发展道路、发展模式及发展效果的比较认识，让学生理解近现代中国为什么“选择马克思主义，选择中国共产党，选择社会主义，选择改革开放”，理解我们国家体制的独特性和优越性，这既可以避免妄自菲薄、崇洋媚外，又能增强国家与民族自信。着眼于国家生存状态和国家战略目标，我们必须在坚定民族自信心和保持民族忧患意识之间寻求一种平衡，既要引导国民正确认识国家生存发展的严峻环境和外部挑战，更要引导人们全面理解进一步深化改革的内在矛盾与现实困难。认清那些诋毁国家领袖、质疑民族精神、歪曲历史事实的历史虚无主义者的险恶用心。让青少年学生正确认识时代责任和历史使命，用“中国梦”激励自己，用高尚的理想激励自己，把个人理想自动融入追求国家与民族的事业当中，做时代的开拓者和领路人。引导青少年充分认识中国特色社会主义事业的长期性和艰巨性，最终形成坚定的社会主义理想信念，在党史学习教育中增强“四个自信”。

2. 推进社会主义公民教育，培养公民国家责权统一意识

个体国家认同的建构，既是个体主观心理活动，也是个体对社会规则的了解、遵守、体认和内化，对想象共同体的认可、坚守和捍卫的主体意识。青少年国家认同感的形成建立于对社会主义民主政治制度了解、体认和内化的基础之上。为了有效提高思想政治教育效果，加强青少年社会主义政治认同，迫切需要继续推进社会主义公民教育。公民意识本质上是个体权利意识和国家责任意识的统一。爱国是公民意识的内在要求，公民意识是爱国意识的理性表达。公民履行公民义务、践行公民权利的过程就是表现爱国情怀的过程。社会主义公民教育的本质在于培养个体对自己在社会主义国家中的身份、地位的自觉意识，对国家政治系统的理解与认同，对自己应当享有的权利和应该履行的义务的自觉意识。“从某种意义上，公民教育首先是国家认同的教育，而且本质上就是国家认同教育。”[①]在公民教育中，青少年学生将思想政治信仰、理论和知识自觉内化为公民的自我意识和身份认同，从而自觉完成国家认同、公民身份认同以及自我认同的统一。

2001年中共中央颁布《公民道德建设实施纲要》，2007年中共十七大报告首次提出“加强公民意识教育”，充分体现了党和国家对公民意识及其教育的重视。2020年中共中央颁布《新时代公民道德建设实施纲要》，为我国新时代公民教育的开展提供了纲领性指南。我们应该在国民教育体系中加强公民教育课程体系建设，强化大中小学生公民教育，让学生在中学阶段能够接触到公民与宪法教育课程，大学阶段把公民与宪法学课程作为所有院校的必修课程，由此形成一体化的社会主义公民教育体系。

3．强化以中华民族传统文化为载体的民族精神教育，涵育公民的民族品性

中华优秀传统文化积淀了中华民族几千年发展的优秀价值追求，

---

① 韩震．全球化时代的公民教育与国家认同及文化认同[J]．社科战线，2010(5)．

是中华民族安身立命的根本所在，是中华民族生生不息的精神滋养。无论中国人走到哪里，祖国永远是最动人的音符。梁启超说，不是我有多爱国，而是由于人性和民族的天然存在，所以我只能选择和我的国家站在一起。自古以来爱国认同就内在地镶嵌于中国传统知识分子的人格当中。“天行健，君子当自强不息”，中华文化还以“自强不息”的精神传统增强中国人的民族自信、自立与自强。经过一代又一代中国人的传承，这些传统已经深入到中华民族的骨髓，形成了中国人的内在品格的一部分。习近平总书记指出：“中华文明源远流长，蕴育了中华民族的宝贵精神品格，培育了中国人民的崇高价值追求。自强不息、厚德载物的思想，支撑着中华民族生生不息、薪火相传，今天依然是我们推进改革开放和社会主义现代化建设的精神力量。”①中华优秀传统文化是中国人民族品德形成的文化底蕴，是培养中国人民族气节的源泉。中国传统文化也内在地蕴含了爱国主义教育思想，是培养当代青少年家国认同的主要文化载体。

当前，部分青少年的文化自信有待加强。究其原因，一方面西方发达国家一直通过电影、电视、网络等手段，宣传他们的价值理念和意识形态，一定程度上削弱了青少年民族文化认同。从电视剧到电影、从化妆品到汽车、从饮食到节日，无不体现了外国文化对中国文化的冲击。另一方面在多元文化大背景下，消费主义和享乐主义刺激了当代青少年，使其中一部分人只注重日常生活中的感性满足和心理满足，走向享乐主义和功利主义。一些青少年不再花时间去阅读蕴含丰富中华文化内容的传说、神话、历史、文学等经典，对中华民族的历史记忆越来越模糊和淡化。在一项“大学生国家认同现状”调查中，对于“如果评价中国人，你会打多少分”这一问题（0—100分评价区间），43.8%的大学生评价分值高于80分，49.2%的大学生评价分值在60—79分，也有7%的大学生评价分值低于60分。在所调查

① 习近平在会见第四届全国道德模范及提名奖获得者时强调深入开展学习宣传道德模范活动为实现中国梦凝聚有力道德支撑[N]. 人民日报，2013-9-27.

的大学生中，77.7%的大学生认为自己不会选择去国外生活。如果有条件，选择去国外生活的学生人数比例为22.3%。仍然有超过两成的大学生选择愿意移民海外，体现了少数大学生国家归属认同上情感归属与行为意识上的偏差。部分大学生在国民身份认同上也体现了一定的矛盾性和不确定性，对我国历史、民族文化和国情民情等了解不充分，认同缺乏牢固根基，一旦受到西方思潮影响，就会显示出不确定性，一方面表现出民族自豪感和优越感，另一方面又体现出自卑感和对自我的过低评价。部分大学生对中华文化符号日益疏远，对于中国的传统节日不感兴趣，却热衷于说洋文、穿洋服、过洋节日，热衷于西方节日例如圣诞节、情人节、万圣节。①

“中华文化是中华民族身份认同的基本依据”②，中华文化作为中华民族的宝贵资源，既是维系整个中华民族的精神力量，也是建构中国人身份的文化根基。推进以中华民族文化为核心的主流文化认同建构，是涵育当代青少年民族精神气质，增强当代青少年国家认同感的重要途径。民族精神的培育离不开民族传统文化。习近平总书记在纪念孔子诞辰2565周年国际学术研讨会暨国际儒学联合会第五届会员大会开幕式的讲话中指出：“优秀传统文化是一个国家、一个民族传承和发展的根本，如果丢掉了，就割断了精神命脉。”中华优秀传统文化“体现着中华民族世世代代在生产生活中形成和传承的世界观、人生观、价值观、审美观等，其中最核心的内容已经成为中华民族最基本的文化基因”③。这种文化基因是中华民族区别于其他民族的重要标志。中国传统文化历经千年，绵延不息，主要源于在这片土地上生活的人们，从心灵结构上契合这样的文化形态，由此产生坚定的文化认同，并且一代代的人们都把自己视为这种文明的传承者，在这种

① 曾水兵．大学生国家认同现状调查报告[R]．江西师范大学，2017．

② 崔新建．文化认同及其根源[J]．北京师范大学学报（社会科学版），2004(4)．

③ 习近平．在纪念孔子诞辰2565周年国际学术研讨会暨国际儒学联合会第五届会员大会开幕会上的讲话[N]．人民日报，2014-9-25．

文化中安身立命，作为自己心灵的寄托。我们之所以把自己看作是中国人，是因为我们的身上携带着中华文化的基因。缺乏这种文化基因，我们就失去作为中国人的重要文化标志。传统文化的失落是民族共同体构建的最深刻的不利因素。近年来，随着国学热在中国大陆的重新兴起，人们逐渐认识到了传统文化的重要性。但是传统文化教育绝对不止于开设国学课程。学校作为弘扬和培养民族精神的主阵地，应该以民族情感为切入点，以民族文化为载体，将民族精神的培育贯穿于教育教学的全过程。

4. 加强民族语言教育，培育青少年民族语言认同

语言是文化的基础和民族的象征，语言代表了国家的一种“软实力”。我国作为一个多民族的国家，推广和普及国家通用语言是维护国家主权、体现国家核心利益的重要战略。汉字语言在长期形成过程中所凝聚的文化内涵体现了中华民族思维方式特点，蕴含了民族精神的深层文化基因。汉字本身不仅仅是国粹的一部分，而且是中国人了解自己文化的重要载体。要加强民族语言的教学。我国著名语文特级教师于漪曾指出，母语教学绝不是能识多少字，做多少练习，背多少句子，写几篇文章，而是应该在引导学生理解祖国语言文字的同时，使其受到民族精神的熏染、民族情结的感染。推进青少年的汉语教育工作关系到他们的文化认同，关系到国家的文化安全。一个中国人假如没有很好地掌握语文，就不会对中国文化与中国历史有深层次的了解。母语教育不仅具有语言文字教育本身的工具性，而且是学生了解民族文化的重要途径。语文教育既有提高本民族人文素质的作用，也发挥着培植民族国家认同感的重要功能。

案例：语文教材国家认同意识的五个维度[①]

语文教材中的国家认同意识不是机械呈现的，而是通过审美形象传达出来的，这就需要教师在审美形象、审美符号背后充分挖掘文本的国

① 梅培军，彭小明．发挥语文教材国家认同意识培育的功能[N]．中国社会科学报，2021-06-16.

家认同意识教育要素。概括起来，可从以下五个方面挖掘语文教材的国家认同意识，使之成为一个有机的国家认同意识培育的教育体系。

第一，家国母题。母题是文学文本中反复出现的叙事或抒情单元，是具有文化人类学特征的审美形象和符号。中国传统文学中就有源远流长的家国精神传统，家国母题的文学作品也十分丰富。一方面，通过家乡情怀、乡愁意识的文学文本，实现家国意识的同构，比如教材中屈原的《离骚》、杜甫的《春望》等；另一方面，教材中有大量体现爱国主义的文学文本，而爱国主义精神与国家认同密切相关，可以说是国家认同意识的核心要素，这些优秀的爱国主义文学文本以审美的形式呈现出国家认同属性，如文天祥的《正气歌》、范仲淹的《岳阳楼记》等，还有一些文本通过歌颂祖国的山河，来触发学生对于祖国的内在情感，比如《赵州桥》《长城》《桂林山水》《富饶的西沙群岛》等。这些要素都需要进一步挖掘，自觉在教学过程中转化为国家认同意识的课程资源，通过课后练习、实践探究活动等方式构建课程体系。

第二，民族意识。民族意识与国家认同意识息息相关，在中华民族共同体中，强烈的中华民族认同意识和民族和谐团结的观念，可以更有力地形成中华民族与国家的同构。在教材中应当选择强化中华民族认同和民族团结和谐意识的文学文本，比如《藏戏》《和田的维吾尔》展示了各民族的风俗和文化特色，《丝绸之路》与《把铁路修到拉萨去》讲述了民族融合的故事，这些文本既展示了各民族的文化特色，又表达了民族团结和融合，建构起中华民族共同体的大家庭形象。对待这些文本，需要充分强化中华民族、华夏民族同宗同源的认同意识，由民族意识自然延展到国家认同的观念。

第三，革命文化传统。体现革命文化传统的红色经典作品也是国家认同意识渗透的重要载体，它们充分体现了国家民族革命发展的艰辛历程。革命文化传统既根植于优秀的传统文化和精神气节，同时又是中国共产党与中国人民现当代奋斗历程的文化产物。语文教材编选了大量优秀的体现革命文化传统的文学文本，这些文本往往用朴实的语言、真挚的情感反映革命的艰辛历程。另外，在中小学推荐的文学名著阅读中也有大量的红色经典，这些作品是国家认同意识教育的重要资源，但教学效果往往不够理想，这就需要教师创设还原具体的历史情境，用具身的方式激发学生的内在情感，同时进一步完善教材的助读体系，使革命文化传统自然地融入学生的精神世界。

第四，语言文化寻根。语言文字的学习不仅仅是工具性的，其中还蕴含着深厚的文化特性。语言文字是文化的根、文明的基石，各民族的语言也会成为民族认同的重要纽带。每个国家和民族的语言符号体系，甚至每个人的话语结构，都是其文化表征，都德的《最后一课》即是最好的证明，守住被侵略的最后一道防线，防止文化殖民的最后一道屏障正是自己国家和民族的语言文化。每一个中国语言文字符号都是国家认同意识培养的重要素材，语言文化的寻根就是要打好学生文化的底色，在语文教学中实现思、言、诗的统一，让学生潜移默化地感受到汉语言文字的文化魅力，产生民族文化意识和国家认同意识，形成内在浸润式的国家认同培育机制。

第五，重塑新诗教文化。中国古代特别强调通过诗歌来实现教化的功能，以文学审美属性作为中介来实现其教育功能，正是审美意识形态最重要的特性之一，因此充分挖掘诗教文化的传统，形成新时代的新诗教文化也是国家认同意识培育的重要途径。一方面，在语文教学中大力弘扬优秀传统文化，发挥教材中经典文学文本的诗教价值，找到中国文学的精神实质，理出中华民族的文脉和精神轨迹；另一方面，借鉴传统诗教，重塑新诗教方式，以审美属性为中介来培育国家认同意识。通过在教材中探寻传统文化的诗教精神，追寻传统诗教的特有文化情结，重塑新时代的诗教精神传统，将社会主义核心价值观熔铸于其中，进一步把国家认同意识内化为文化的血脉。

在全球化背景下，我国大学的外语教学与大学生民族认同的关系值得探讨。外国语言教育不单单是语言知识的教育，而是与经济发展、文化传播、政治进程息息相关的。语言是文化的载体，因为语言在深层次上影响到受教育个体对母语文化的态度。英语作为一种强势语言，会对其他民族语言文化造成巨大压力。英语所承载的西方文化使得大学生在节日习俗、生活语言、价值观等方面受到强烈冲击，甚至会影响中国的民族语言文化的纯洁性。大学生在熟悉外国语言和文化的同时，却削弱了对自己的母语和母语文化的感知力。有研究认为，目前的外语教学虽然促进了大学生外语语言能力的提升，但是一定程度上忽略或轻视了培养学生的人文素养。我们认为，外语教育当然有助于跨文化交流，促进对其他民族文化的包容和接纳。但是我们也应该清醒地认识到，外语文化在中国传播的广度和深度是空前的，如此大规模的文化输入确实可能增强大学生对外国文化的认同感，同时削弱中国文化在大学生心目中的地位。一方面我们应该在大学教育中强化母语文化，尤其是中国传统文化的教育，加强大学生对本民族语言文化的认同，将中国母语文化深深植入大学生心中。另一方面，在外语教育的定位上，坚持洋为中用，外语教育是为了接纳先进文化，为了发展和传播本民族文化。加强大学生对外语文化的辨别能力，引导他们了解外语文化本身的优劣所在，预防“文化帝国主义”的入侵。

（三）国家认同教育的方法途径

1. 立足学校课堂，发挥学校教育的主导作用

学校教育是开展国家认同教育最正式、最系统、最有效的途径。学校通过开设思想政治、历史、语言、文学等课程，或者通过学校的团体活动、文化氛围等，传授国家文化、政治、民族等知识，影响青少年学生对国家的政治态度和行为，帮助青少年学生形成正确的国家民族意识和政治认同意识，增强学生民族自信和国家自信，培植学生对国家的归属感。尽管学校以外的其他教育途径在此方面的作用同样

不可或缺，学校教育由于其系统性与循序渐进性，更能够保证国家认同教育的有效性，这是其他教育途径无法比拟的。

第一，通过思想政治课程和其他教育活动，对青少年进行爱国主义教育，培养青少年国家认同意识。思想政治课是青少年接受爱国认同知识的重要渠道，培养青少年国家认同意识是思想理论课的核心目标之一。在中小学阶段，爱国主义教育一直就是思想政治课的重要内容。在大学阶段，“马克思主义基本原理”“毛泽东思想和中国特色社会主义理论体系概论”“中国近现代史纲要”“思想道德与法治”作为高校的思想政治理论课程都蕴含着国家认同教育思想，爱国主义教育一直是其中的一个主旋律。因此，思想政治理论课的课堂教学要紧紧围绕这一目标，同时发挥其他学科课程的思想政治教育功能，真正让国家认同教育思想“进教材，进课堂，进头脑”，这是培养当代青少年国家认同意识的首要着力点。思想政治课程改革要始终立足于培养践行社会主义核心价值观，把培养富有创造才能、能担当民族大任的青少年作为出发点和归属，结合课程的实际特点，充分挖掘思想资源，尤其是爱国主义教育资源。

通过思想政治课程和其他教育活动向青少年学生普及基本的社会主义政治常识与民主法制知识。这些常识性的政治民主知识是塑造公民意识与培养公民能力的基础和前提，也是维系国家民主制度健康、正常运转的根本保障。公民民主意识和民主能力的获得离不开教育，国家总是通过教育传播与本国政体相适应的民主知识和法治观念，维护国家整体的稳定性和统一性。学校通过民主教育，使青少年学生了解社会主义民主的内涵和实施程序，帮助青少年形成民主信念，使其具备社会主义民主社会建构与发展所必需的民主知识、民主素养以及民主能力。

第二，通过传统文化课程等进行民族精神教育。通过开设典籍精读、传统工艺、京剧艺术、传统文化欣赏等反映优秀传统文化的课程，强化经典学习，弘扬传统美德，让学生了解传统文化知识，领悟传统文化精华，培养其民族精神。[①]2014年教育部下发了《完善中华优秀传统文化教育指导纲要》，从制度文本上明确了学校开展优秀传统文化教育的必要性。在中小学和高校通过必修和选修课的形式，开设优秀传统文化课程。“中华优秀典籍选读”“诗经楚辞欣赏”“唐诗宋词”“中华艺术欣赏”等都是传承中华优秀传统文化的课程。从文学诗歌到艺术创作与欣赏，学校应根据其实施实际情况，将传统文化课程建设成一个有机整体，推出可供学生选择的传统文化大餐。结合当地的传统文化特色，打造传统文化课程特色，推出传统文化精品课程。通过开设系列中华传统文化课程，提升学生的人文素养，增强他们对中华文化的兴趣与爱好，更重要的是在传统文化的学习中，帮助学生涵养中华民族品性，增强中华民族的自豪感和自信心。此外，在学科教学中教师要挖掘各门课程教材中蕴涵着的民族精神教育内容。

第三，以校园文化为载体融入多样化传统文化实践活动。学生的传统文化认同过程，是一个由外至内、由认知到感悟再到实践体验的过程。校园文化是学校潜在的文化，是构成学生育人文化的重要组成部分，将优秀传统文化融入校园文化，能够很好地发挥校园文化的育人功能，培养学生的传统文化认同和爱国情怀。把校园文化建设作为传承和弘扬中华优秀传统文化的重要载体，在校园文化建设中融入中华优秀传统文化的元素，是学校文化建设的重要任务。充分挖掘历史因素，增加校园文化建设的历史积淀。顶层设计，精心打造，提升校园文化建设的文化品位，增强校园文化建设的价值引领功能。一则校训、一座雕塑、一栋建筑、一块铭牌、一座墙壁，都可以是传统文化的讲述者。充分利用校史馆、博物馆的功能，定期组织学生参观学习，发挥校史馆的育人功能；挖掘学校所在地的传统文化资源，组织学生参观所在城市与地区的名胜古迹、文化遗址，增强学生的民族认同与文化认同；举办传统文化系列讲座，开设传统文化学术论坛，发挥传统文化学术讲座与论坛的文化影响力；组织学生开展考察学习，

① 曾水兵．加强中学生国家认同教育的理性思考[J]．中国教育学刊，2012(11)．

体验传统文化特色，领悟传统文化内涵。校园社团文化建设是高校进行传统文化建设的重要组成部分。学校可以发挥其优势，建立具有中华文化特色的社团文化组织，例如汉服社、传统戏剧社、文学社、诗歌会等社团，通过社团组织多种多样的传统文化实践活动，让学生在参与中体悟中华优秀文化魅力，在参与中增强中华文化的自豪感。

2. 通过文学、影视、艺术等形式，创造青少年学生喜闻乐见的教育方式

国家认同教育既有严肃庄重的方式，也可以有轻松活泼、让受众喜闻乐见的方式，既保持对民族精神和社会核心价值观念的坚定捍卫，又保持一定的弹性，逐步适应年轻人的想象力、创造力，使国民教育更容易被青少年所接受。国家认同教育要避免简单说教，采取轻松的方式，寄寓于由文本、人物、标识、象征、仪式所构成的具体可感的形象和活动中，让人们感知、领悟、认同以及践行。

以文学的方式进行国家认同教育无疑是有趣味的。借助文学的力量，通过文学故事发挥先进人物的爱国影响力，例如通过献身抗日的将军杨靖宇、爱国将领吉鸿昌、科学家钱学森、人民的好总理周恩来、铁人王进喜、县委书记焦裕禄、时代的榜样雷锋等爱国人物事迹的感染力，来传递民族精神正能量。

影视通过形象化载体和直观化途径，从感性层面对青少年的思想意识施加影响，博得里在《基本电影机器的意识形态效果》中认为，“电影本身就是意识形态国家机器的一种”。[①]电影为国家民族意识和国家政治价值的传输提供一种重要的媒介。比如在美国，《泰坦尼克号》《拯救大兵瑞恩》《阿甘正传》《肖申克的救赎》等一批好莱坞大片在给人们带来视觉和听觉享受的时候，通过缜密的叙事以及或传奇或日常生活场景的展现和推进，让人们在不知不觉中获得了对美国文化的深刻体认。我国《长津湖》《跨过鸭绿江》等影视剧通过气势恢宏的战争场景，以及细腻的英雄群体形象描绘，彰显了中国人民大无

① 王志敏．电影学：基本理论与宏观叙述[M]．北京：中国电影出版社，2002：405.

畏的革命气概，引领广大观众铭记抗美援朝战争的艰辛历程，唤醒了人们热血沸腾的英雄梦，点燃了我们心中以国为荣、为国争光的爱国情。

近年来中央电视台推出的《中国成语大会》电视节目，是电视媒体和传统文化的有效结合，是借助电视媒体传播中国文化的成功实践。成语是中华文化的宝贵遗产。中国成语大量来自于传统文化经典名著，深刻地蕴含了中国传统文化价值观，学习成语对于了解中国文化，具有独特的价值意义。节目在全国掀起了青少年学习传统文化的热潮，引发了青少年国民文化意识的觉醒，激发青少年对中国传统文化的热爱，增强了青少年对传统文化的认同感和归宿感。类似的优秀影视节目对当今社会风潮的转变起了很好的引领作用，也更有利于加深青少年对国家的文化认同。

此外，我们还可以借助民族艺术、诗歌等作品编织一个个蕴含民族精神与社会主义核心价值的中国故事，通过具体、丰富的生活情景的再现，把抽象、理性化的规则和教条变成学习对象可以触摸、可以体认、可以感知的生命体验，变成有血有肉、充盈着生命热度和能量的教育故事，用生动的情节诠释情感、用直白的语言传递信息、用质朴的方式碰撞心灵。总之，用我们自己的方式，讲好中国的故事；用我们自己的文化，编好中国的故事。

3. 融入日常生活，注重个体体验与参与

国家认同教育的开展不能脱离教育对象的生存体验和日常生活。过于强调抽象的政治理论和道德规范，其话语的有效性常常令人质疑。尤其对我们今天的年轻人，脱离他们的生活场域和真实语境，教条式的爱国主义与公民教育不容易达到激发他们的爱国情感、鼓舞他们爱国热情的目的，甚至有时候适得其反，让他们产生逆反心理。抽象说理式国家认同教育所体现的强制性越来越与全球化和现代化的时代背景相违背，与今天思想活跃、价值认同多元化的青少年一代不相适应。因此，我们需要的国家认同教育，应该从灌输式的抽象说理走向对话式的叙事话语，后者立足于个体的生活世界，创造出具体的话语情境，能直抵受教育者的心灵世界。

国家认同教育只有将它的理论命题和政治规则落实到个体日常生活中具体可感的现实问题，个体才能在解决这些日常问题的过程中获得内在驱动力。抽象教条式的爱国主义教育总是希望从纷繁复杂、具体可感的个体中寻求出普遍的、抽象的本质，用普遍性来代替个别性。抽象的爱国主义教育本着抽象化、标注化、知识化、唯一化的本质主义思维方式，往往给个体造成多样性与丰富性方面的伤害。日常生活中的爱国主义教育更应关注和尊重个体生命的丰富性和特殊性，尊重个体日常生活经验的独特性。爱国主义教育中个体国家认同的形成，不能只靠逻辑的推理或者科学的论证，更多的是靠个体通过对社会政治生活或者道德生活的体认、体验，融入自己的生命体验并内化为自己的自觉认同而形成的。与道德教育类似，爱国主义教育最需要的“不是逻辑推理，而是体悟、理解、形象、感动”①，教育工作者要减少灌输、减少居高临下，让青少年在身临其境的教育情境中增加感悟、增加情趣、增加感同身受。

避免陈旧的说教方式，可以从资源开发方面入手，充分挖掘民族记忆、象征符号等隐性教育资源，使隐性资源和显性资源相结合，互相促进，相得益彰；可以从实施过程入手，注重体验和参与，将其发展为互动参与、鼓励探讨的生动活泼的过程形态；可以从情感方面入手，融理于情，通过人性的感动来增强人们对共同理念的认同感。体验、互动、参与、参观等教育形式都是国家认同教育的有效方法。一次国旗下的讲话，一场爱国主义主题报告会，一次改革成就展的参观，都会成为激发青少年学生产生国家归属感、自豪感和责任感的重要契机。教师应尽量去营造一种身临其境、移情理解、情感共鸣的良好环境，使学生在体验、参与的过程中，认知与情感结合、知识与想象交融、能力与发展并行。例如，通过观看历史古迹、文物，参观革

---

① 丁锦宏．道德教育中的叙事方法探究[J]．思想·理论·教育，2003(12)．

命烈士陵园等，使孩子在真实的、健康的情感感染下，了解中国的过去、现在，认识中华民族的历史和当下；通过参加升旗仪式，参加国家重大节日庆典等活动，使他们感受中华民族的伟大，祖国的日益富强；带领或鼓励青少年参与社区、街道组织的社会公益活动，让他们学会承担社会责任，寻找个人价值与社会价值的结合点；通过外出观赏自然风景、人文景观等，了解社会风情，认识可爱的家乡，熟悉伟大的祖国，帮助学生开阔眼界、增长见识和丰富经历，更为重要的是让他们感受到中华民族的伟大，增强对国家的自觉认同。此外，利用各种重大节日、特定习俗等的全社会参与性，宣传中华民族的文化习俗。把民族精神熔铸于当代学生品格的形成当中，从而使他们自觉将自我利益与国家利益统一起来，坚定爱国信念，增强中华民族认同感。学校还要发挥日常仪式的教育功能，例如升国旗、奏国歌，利用国庆日、党建日等重要节日，开展丰富的仪式活动，增强国家认同的神圣感。在仪式活动中，让学生体验到对国家的热爱之情，让爱国之情伴随学生的政治认同。

4. 始于家庭，发挥家庭爱国主义教育潜移默化的功能

国家认同实质上是一个多层次的认同体系，从对家庭、邻里、社会，再到民族国家乃至全人类的同情与热爱，这是一个相互交织、相互影响的认同体系。从家庭情感到社区归属，再到国家认同，以至于对全人类的同情，这是一个由内向外逐步扩展的过程。在空间上，国家认同教育应该从家庭入手，推广到邻里、社区、社会。青少年对家乡和祖国的最初看法和感受首先来自于父母和其他亲近的成人以及教师，如果个体在生命早期能够体验到周围人看待国家社会的积极态度并为自己是其中的一员感到满意，那么他们同样可以形成积极的态度并由此产生对家乡和祖国的归属感和认同感。一个人在少儿时所接受的爱自由、爱法律、爱祖国的观念会深深扎根于脑海中，并将陪伴他的一生。而孩子在国家观念和情感上的一些错误认识和问题，相当程度上源于社会，来源于成人世界。家长自身应树立正确的爱国理念，做好积极的榜样示范，营造良好的家庭氛围，引导少年儿童热爱祖国，增强国家意识，承继民族精神，为孩子今后成年树立正确的世界观、人生观、价值观和荣辱观奠定基础。

家庭教育是人生教育的第一站，当然也是开展国家认同教育的开端。事实上，从对自身家庭邻里的热爱，到对所属社区乃至地区和国家的热爱，这是相互贯通、相互促进的。很难想象一个从小对家人对邻里缺乏情感热爱的人，在其成人后会对其国家和人民产生情感热爱。家庭教育历来被认为是影响儿童道德品质和人格素养的重要途径。中国古代就有“育善在家”的观点。罗素也认为：“只要身为父母者的本能不曾衰退，那么他们对孩子的这种特殊的爱，不仅对孩子，而且对他们本身都具有重大的价值。”①苏霍姆林斯基也曾明确指出：“爱国主义的神圣情感来自母亲。”②当代社群主义公民理论家认为家庭尤其是母亲可以培养公民的责任和德性，认为母亲教会妇女保护生命和弱者的责任，这种教育也应该成为政治生活的指导原则。家庭在国家认同教育中的作用是非常重要的。首先，家庭是学生实现完全的道德社会化的起点和前提。家长让孩子参与家庭管理，有助于培养孩子的平等意识和民主参与能力，形成公民意识。其次，公民作为一个社会人必须具备一定的社会价值观念，并遵守一定的行为规范和道德准则，家庭在这一个过程中扮演着重要的角色，例如，通过带领孩子参与了解国家重大活动，让孩子感受到国家的观念，培养其对国家的情感。再次，家庭在指导个体树立生活目标、形成理想志趣方面也起着不容忽视的作用。最后，家庭群体的素质和社会活动对个体公民的社会化过程具有独特的作用。

5. 借助网络等大众新媒体，充分占领新媒体教育与宣传阵地

戈尔德马克（Goldmark）于1967年首次提出新媒体的概念。新媒

① [英]罗素．罗素论幸福人生[M]．杨玉成，等编译，北京：世界知识出版社，2007：72.

② [苏]B.A.苏霍姆林斯基．给教师的一百条建议[M]．杜殿坤，编译．天津：天津人民出版社，1981：17.

体是“数字技术为基础,以网络为载体进行信息传播的媒介”[①]。新媒体是在互联网和大数据的迅速发展并广阔覆盖的背景下产生的一种媒体形式，是网络技术与计算机技术的深度应用。随着人类技术的发展，新媒体应用越来越广泛，与传统媒体的模式相比，新媒体的形式更为多样，例如媒体广告、手机通信、微博、微信等信息传播媒介，其内容更加丰富，信息传播更加快捷。例如，根据中国互联网络中心发布的第 48 次《中国互联网络发展状况统计报告》，截至 2021 年 6 月，我国网民规模达到 10.11 亿人，互联网普及率为 71.6%。其中，10—39 岁年龄段比例达到 50%。而 2009 年网民为 3.84 亿人，互联网普及率为 28.9%。特别是互联网络的迅速发展和广泛应用，使得新媒体更加深刻地改变了人们的社会生产方式、生活方式以及思维方式。

以新媒体为主体的社会大众媒体成为信息传播的主要工具，是文化影响的主要载体，也是影响青少年国家认同意识的重要载体。莫尔说：“它们实际上控制我们的整个文化，给它过筛子，把个别成分从整体文化现象中分离开来，使之具有特殊的分量。它们提升某种思想的价值，贬低另一种思想，使整个文化天地两极分化。在我们这个时代，没有进入传媒通道的信息就不可为社会的发展带来几乎任何影响。”[②]在西方中心主义的错误观念对中国文化持续误读与矮化的过程中，现代大众传媒起着重要的作用。要纠正文化上的西方中心主义对中国文化的误读，就需要夺取大众传媒，尤其是新媒体的话语权。

青少年学生是当代网络媒体参与的重要主体。一方面，他们接受新事物、新观念速度快，另一方面，他们的思想辨别能力尚弱，容易受到网络上不良信息的影响。西方发达国家通过互联网等现代应用媒体对我国的文化渗透一直就没有停止过。他们利用其经济、科技上的优势，大肆推行西方的价值标准、意识形态和社会文化。西方发达国

① 邵守志，范若梅，崔青库. 新媒体几个属性标签[J]. 中国传媒科技，2013(5)：54-56.

② 转引自[俄]谢・卡拉・穆尔扎. 论意识操纵[M]. 徐昌翰，译，北京：社会科学文献出版社，2004：230.

家竭力通过这种文化渗透来影响我国青少年的价值观念与行为方式，削弱他们对我国民族文化与国家政治的认同。“互联网已成为思想文化信息的集散地和社会舆论的放大器，我们要充分认识以互联网为代表的新兴媒体的社会影响力。”①占领网络制高点，建设中国特色的社会主义网络文化体系，讲述中国故事，传播中国文化，表达中国价值，不仅仅是建设社会主义文化、捍卫社会主义意识形态与民族文化安全的必然要求，也是对青少年进行价值引领教育的需要。教育工作者应强化网络安全意识，充分占领网络教育制高点，通过网络立体平台营造多层次、全方位的爱国主义教育文化氛围，凸显文化育人魅力。在建设丰富线上资源的同时，充分融合校报、校园广播等线下传统信息传递渠道，线上线下优势互补，共同搭建立体的国家认同网络教育模式，凝聚实现中华民族伟大复兴的中国梦的精神力量。融合传统和现代媒体功能，发挥开展青少年思想工作的主动性，适应与青少年平等交流沟通的新方式，拉近与学生之间的距离，争取获得学生的信任和拥护。通过运用微博、微信等社交媒体激发潜在的国家认同教育功能，引导媒体由纯粹的娱乐工具转变为顺应时代潮流的学习工具，使国家认同教育广泛渗透到学生的日常生活中去，增强学生对国家认同的自主性探索，使国家认同教育更有渗透力和吸引力。

通过大众媒体塑造与宣扬具有榜样引导作用的偶像来激励青少年的爱国热情是现代国家普遍采用的一种手段。相对于成年人，青少年思维具有很强的形象化特点，他们愿意通过角色扮演的方式来进行社会学习。社会向青少年提供什么样的榜样，直接影响着其思想品德发展的方向和结果。事实证明，当代大众媒体对于青少年政治态度的形成能够产生重要的影响。研究显示，当代青少年的偶像崇拜一方面呈现出多元离散的特征，另一方面又体现了消费主义倾向，商业明星、娱乐明星、体育明星等消费型偶像对青少年的吸引力最大。②大众媒

① 胡锦涛．在人民日报社考察工作时的讲话[N]．人民日报．2008-6-21.

② 陈峰．当代青少年偶像崇拜现象研究[J]．思想理论教育，2006(19)：50-53.

体的不当引导，会助推当代以消费和情感为导向的偶像崇拜，极可能在青少年群体中引导拜金主义价值取向，激发他们的过激行为，消解国民精神信仰，对社会主义核心价值观的形成造成一定负面影响。这就需要增强大众媒体的社会责任，强化大众媒体的价值引导功能，充分发挥其在爱国主义教育中的榜样引导作用。

（四）公共参与与公共精神培育

个体国家认同的建构，既是个体主观心理活动，也是个体对社会规则的了解、遵守、体认和内化，对国家的认可、坚守和捍卫的主体意识。全体国民对公共事务的倾心关切、积极介入和全面参与是国家认同的重要标志，是以国家与社会、政府与民众的有效沟通和良性互动为基础的。尤其是在全球化和网络化时代，单纯的灌输难以保证积极效果，而是需要引导个体自觉理解和接受才能达成认同的实际效果，让个体在积极的公共生活参与中感受到自身的权利，体验到国家归属感和爱国情怀。青少年国家认同感的形成是建立于对社会主义民主政治制度了解、体认和内化的基础之上的。社会主义民主政治的核心是人民当家做主，只有使得当代青少年具有与社会主义人民当家做主政治属性相适应的社会主义公民参与意识，才能保障当代青少年在成年后行使政治权利、履行公民义务，自觉作为国家的主人，投身于实现民族国家富强、民族振兴和人民幸福的中国梦之中，自觉维护国家民族利益、安全和荣誉。国家认同既不能只停留在认识上，也不能只停留在感情上，必须转化为行动的意志和实践的过程。促进公共参与“既来自于社会主义国家公民的主体意识与集体主义精神融为一体的社会责任感、使命感的增强，又来自于社会（群体及国家）和个体日益增长的需求动力的驱使，个人意志和自由获得合理的充分发展”[①]。青少年公共参与既是中国特色社会主义国家政治建设的需要，也是个体发展的需要。

---

① 黄稻．社会主义公民意识的时代意义[N]．光明日报，2011-11-27(B01).

公共精神主要体现在社会参与上。通过参与班级、学校和社会的治理进而影响班级、学校和社会的公共政策，是青少年社会参与的重要表现。据调查显示，在参与意识方面当代大学生明显存在不足。52.1% 的大学生表示，“如果对学校的规章制度有意见，我会主动提出建议”；58.1% 的大学生表示，“在讨论班级问题时，会积极发表意见”；58.9% 的大学生表示，“会在公共网络如微博、论坛等地方发表自己的见解，关注国家与社会发展”。相当比例的大学生政治效能感程度不高，对待公共事务态度漠然。大学生在入党的选择上呈现出功利性特点。超过一半（58.2%）大学生认为自己入党是因为“入党有利于毕业时找个好工作，对以后发展有有帮助”①。因此，促进当代青少年社会参与，增强青少年参与意识和参与能力，实现个体和政治体系之间的良性互动，这既是社会主义政治体系建设的要求，也是提升青少年国家认同水平的重要途径。

1. 公共参与与公共精神

个体公共生活的开启和承担，隐含了个体走出个人自我，担当天下国家重要责任的意识。走进公共生活，个体才能超越一己之利，形成时时刻刻关切和维护中华民族和社会主义国家之情怀。我国公民的公共精神体现了公民在社会主义国家公共参与过程中的社会参与意识、规则与法律意识、公共关切意识等。公共精神是孕育于公共生活之中的位于最深的基本道德理想和政治价值层面的以公众利益为依归的精神取向。公民的公共精神体现在公民与国家、政府、公民社会事务以及与其他公民的关系之中，折射出这一民族和国家文明的精神面貌，能影响国家的政治民主与道德文明之建构。现代公共精神与当代民主政治建设相辅相成，相互促进。公共精神能够为社会主义民主政治的发展奠定良好基础，而社会主义民主政治的发展也促进我国公民的公共精神发育成长。公民公共精神的发展过程，也是民主政治建设的过程。当代中国的社会转型客观上促进了公民社会的发育和公共精

① 曾水兵．大学生国家认同现状调查报告[R]．江西师范大学，2017.

神的建构。然而，转型时期中国人的公共精神建构又处于严重不足的状况。当前我国公民公共精神的缺失，存在深层次的社会根源。应该说，传统中国社会结构所形成的文化惯性与现代社会的价值冲突使得当代中国人的公共精神建构表现出一定的先天不足。

第一，传统社会“差序格局”与以“己”为中心的私人交往传统。公共性的发育有赖于一个社会在制度、文化和心理层面形成“公”和“私”及其两者关系的合理处理，尤其有赖于公众“公共利益”对个体“私己利益”的超越，但是中国传统社会“差序格局”模糊了“公”“私”之界限。“差序格局”是费孝通先生对20世纪前期中国乡村生活进行社会结构分析之后得出的一种基本判断，这一判断对今天的社会交往依然具有很强的解释力。费孝通先生认为，构成中国农村社会最基本的社群是“社会圈子”，它是以某个个体或家庭为中心，依据差序关系所扩展出去的社群。①从更大范围来看，不但中国乡村社会的结构依照的是“差序格局”这一逻辑，超出乡村之外的社会组织，从己到家，由家到国，由国到天下，都是沿着同一逻辑扩展出去的社会圈子。②整个中国社会结构是以“自我主义”即个人利己主义为中心，根据己之血缘的“差序格局”的基本衍生格局，群己不分，公共利益和私人利益模糊。进入市场经济后，中国传统社会的“差序格局”本来同现代市场经济的基本原则是相互对立不相容的，但在实践中它反而以独特的机制与后者结合在一起，摧毁了它在传统社会中作为道德共同体的功能，放大了“利己主义”的效应。③虽然以个体凝结成团体的形式出现，但是那是一个个以“己”为中心逐步向外扩散的人际圈子，其实质是对利己主义的遮蔽和对更大的公共性的牺牲。传统道德作为传统社会结构整合的重要价值判断意义已经在

① 费孝通. 乡土中国生育制度[M]. 北京：北京大学出版社，1998：30.

② 张江华. 卡里斯玛、公共性与中国社会[J]. 中国社会科学文摘，2011(1).

③ 肖瑛. 把个人带回社会[C]//应星、李猛. 社会理论：现代性与本土化. 北京：生活·读书·新知三联书店，2011：266.

这种个体化的潮流中悄然消解，群体意识变得日益脆弱，以致不足以整合高度个体化的社会。本质上“私性的”公民身份，无法消除个体间因相互竞争、对抗而可能导致群体崩溃的危险。

第二，作为双刃剑的市场经济体制与个体的“私利性”。市场经济就其本质来说是以个人为本位的自主性经济，它尊重个人利益，关心的是个人利益的实现和扩大。它要求人们在普遍交往中形成个人的独立人格，使每个个人都获得解放，获得自由、平等和发展。然而，在市场经济条件下，如果任由其发展，不加引导，会出现个人主义倾向，信奉以自我为中心，甚至以牺牲社会和他人的利益来满足自己的个人利益的价值观念。[①]市场经济带来的个体私利性在中国转型时期的社会中表现得淋漓尽致。

“在社会转型的过程中，由于资本、人力的高流动性，中国的社会结构正在由传统乡村中的‘熟人社会’向具有现代性的‘陌生人社会’转变。在这一社会结构的转变中，不仅带来社会身份、社会空间的高度不确定性，而且带来社会与文化上阶级的流动。由于市场经济理念的深入人心和缺乏政治流动的资本，大部分人以经济上的获益视为成功的重要标志。因此，这种生计活动是基于自我为中心‘差序格局’的社会整合理念，成功更多的是私人领域的事情，甚至内化为贝克意义上的‘个体化’成功。即个体从传统的义务和支撑关系中解放出来，代之以劳动市场的生存束缚和作为消费者而拥有的标准化和控制。社会成员出现强烈的依赖于情况和条件的个体化的私人存在，这也是全球资本市场的要求和现代性的重要表现。”[②]

---

① 陈章龙，周莉．价值观研究[M]．南京：南京师范大学出版社，2004：147.

② 周如南．小悦悦事件背后：佛山五金城生态的人类学观察[EB/OL].http://news.china.com.cn/txt/2011-10/24/content_23710650.htm.

鲍曼甚至认为逐利的市场经济社会的兴起是对传统道德资本的一种消解，从而导致市场经济条件下的“经济人对公民的吞噬”。因为在求利的个人动力的驱使下，宣扬以自我为中心的个人主义解散了所有单独存在的社群，因此，从长远看它无法确保维持社会政治经济制度所必需的公民的道德动机、集体精神和参与公共事务的水平。[①]人们局限于自我的狭隘利益，不会站在公共利益的立场思考个人选择。越是在与个人生活密切相关的领域，人们表现出来的权利诉求更加明显。随着公共生活空间的扩大，人们自主表达和参与的积极性逐渐下降。人们是否维权、尊重他人权利、履行义务都取决于个人利益的大小。

第三，公众参与理性的匮乏与法制精神的缺失。不可否认，会有人认为政治是国家的事情，老百姓过好自己小日子就可以了，是否参与政治生活与自己没多大关系。这些人只关注于自己的个人私事，对公共事务熟视无睹，“各人自扫门前雪，哪管别人瓦上霜”，这是公民公共精神缺失的最直接、最普遍的表现。市场经济客观上促进了个体的解放，带来自我自由和充分选择的机会。但是，在进入到市场经济后，人们还未真正做好充分准备去面对一个高度开放性和自主性的风险性社会。一旦个体利益受到损害，他们一方面抱怨制度的不公，另一方面却希望从中得到庇护和获益。就像在每次发生公共事件之后，人们对社会冷漠的议论最终总是指向国家，却缺乏审视自身行动力不足的内省精神，尤其缺乏国家与民族层面的责任意识与参与意识。[②]当前我们仍然处于社会转型时期，社会各类矛盾依然存在，社会焦虑、不平衡等心理问题凸显，部分人由于对社会存在不满或者自身利益受损，借助某些社会议题为导火索发泄负面情绪，这些情绪经网络媒体的加速传播与扩散，很容易形成舆论暴力，偏离道德的准绳和法律的轨道。

---

① 晏辉．公共生活与公民伦理[M]．北京：北京师范大学出版社，2007：53.

② 周如南．小悦悦事件背后：佛山五金城生态的人类学观察[J]．黄金时代，2011(11).

公共意识和精神并不是一朝一夕就可以养成的,也不是单纯的知识学习就能够得到的,而是需要公共生活参与的实践。公民缺少公共生活的参与，也就很难孕育出公共精神。只有在公共生活的参与实践中，公民才能培养出承担公共责任的意识和能力，公共精神才可能成为现代国民精神的根本价值取向。公共精神与个人政治权利的行使密不可分，这就需要政府完善制度，优化治理，为公民参与公共事务提供载体和渠道，建立畅通的公众参与渠道，为社会公共精神的发育提供适宜的土壤。

公共参与需要法制的约束，否则容易造成对公共精神的滥用或者错用。有序参与是理性参与的正确表达，有序参与意味着合乎法律精神的参与。当前社会受市场化浪潮的冲击，公共精神难免会掺杂进经济等因素，甚至被一些特殊的利益所诱导，再加上网络的发展，使得公共性有可能被非理性所挟裹，而这些非理性因素可能就会篡改公共精神应有的公共性。如近年来频发的不理智群体性事件，就将非理性的公共精神发挥到了极致。网络谣言是另一种公共性的误用，这不仅无益于谣言的控制,反而使谣言进一步扩散，公众的日常生活受到了影响。虚假新闻、恶意绯闻炒作、泄愤言论、故意恶搞等通过网络扩散，对公众的有序理性参与产生了很恶劣的影响，影响社会生活的有序性。因此，公共生活参与亟需理性的约束。

2. 学校公共精神的培育

公民参与精神的培育需要社会制度的保障以及社会公共生活的浸染，学校教育也有着不可推卸的责任。学校生活是青少年学生最重要的公共生活，公共生活实践构筑了学校公民教育的生活实践基础。学校教育在学生公民精神养成以及公民行动能力的发展过程中，能够作为一种小型公共生活，起到模拟、运作、训练作用。在学校这种特殊的公共生活中，学生不仅能够了解自己的公民权利、认识民主理念、接受公正价值，而且还能在积极的社会参与中学会表达自我权利和参与公共协商，习得公共生活的技能与智慧。

首先，教育要坚守国家立场，培养学生公共情怀。市场经济带来的功利主义是侵袭公共精神的一把利剑。在市场功利主义面前，学校有可能成为向家长和学生推销产品的消费场所和鼓吹个人奋斗的场所。当学校成为学生个人竞争的场所，教育生产的不是能够超越个人和族群利益的“公共人”，而是自私自利只为自身利益考虑的“单子人”，或者说是“精致的利己主义者”①。一个被私利绑架而失去公共精神的学校谈何培养学生的公共意识与公共责任呢？因此，学校应该全面贯彻党的教育方针，坚守为党育人、为国育才的重要使命。学校关注的不仅仅是教授学生一些谋生的工具性知识和本领，还应该引导学生形成理性思考能力和判断能力，使其个人利益和整个社会利益的发展统一起来，理性对待个人与国家之间的关系。学校要注重理想与信念教育。有了理想与信念，才能去超越个体私利，关注公共利益，形成公共意识，承担公共责任，形成公共情怀。

其次，要发挥学生组织的自我管理功能，培养公共参与意识。学生会、团委、大队部、班委会等学生组织是学生参与学校管理、发展参与能力的重要载体。学生组织设置的宗旨就是让学生参与学校管理，培养学生参与和自我管理能力。这种参与能力为学生未来步入社会和参与公共生活打下良好的基础。赋予学生组织公共性特征，保障学生有序、平等地行使参与学校建设与管理的权利，让每个学生成为平等的参与者，在自由表达和民主协商中发展公共参与能力。在学校管理机构和学生组织之间，建立民主协商的对话机制，通过设立学生维权组织、建立学生听证制度，采用学生和学校交流“直通车”等方法手段，让学生在参与管理中增强自身的公共参与能力。

再次，发挥公共制度的引导作用，建构良善的学校制度生活。良善秩序的公共生活是公共参与的重要保障，而良善秩序的建立和维护离不开公共制度的建设。学校公共制度是学校公共生活的保障。学校公共制度包括学校文明公约、课堂公约、班级公约、社团组织制度

① 钱理群．北大正在培养利己者，他们掌权比贪官危害更大[N]．中国青年报，2012-5-3(1)．

等。学校公约是师生公意的表达，它着眼于全体师生的公共利益和公共目标，由全体师生共同制定、共同遵守。因此，学校公约的制定和执行过程，就是师生建构公共生活的过程，也是培养学生公共理性和提升公共参与能力的过程。

最后，要通过公共行动激发公共责任意识。走出学校的社会实践活动是青年大学生锻炼参与能力的重要环节，对于他们了解社会、了解国情、锻炼意志、培养协作精神、增强社会责任感等有不可替代的作用。青少年学生要走出校园，深入工厂、社区和农村，参与到社会公共生活当中。比如，让学生参与社会志愿者行动，使学生真正成为社会公共生活的成员；也可以以公民的身份，直接对社会公共生活提出有意义的建议；学生还可以走进博物馆、展览馆、社区组织等各种场所，增加社会体验；等等。学生社会参与机会及其有效的保障有赖于学校教育和社会教育的密切配合。随着我国社会主义民主制度的不断完善，公民参与渠道将日益丰富与畅通，民间社会力量日趋活跃，政府与民间合作日益密切和频繁，这将为学生的公民社会参与实践提供良好的社会氛围，学校培养的良好公民又将成为建构公共生活、培育社会公共精神的主体。通过学校教育培养公民公共精神，不仅是可能的，而且是必要的。这种社会参与活动对于培养大学生的国家认同意识具有课堂教育不可比拟的重要效果。

3. 重视青少年学生网络参与

网络参与就是公众依照国家法律规定，借助网络工具“参与社会公共事务并表达个人的诉求，期冀能够直接或间接地对社会发展与公共决策制定产生影响的行为”[①]。青年学生通过互联网等多样化媒体手段与平台，知晓社会事务信息，并借助多样化媒体手段，表达个人意愿，传递个人意愿，阐述利益诉求，影响政府公共决策。微信、微博、微视频等应用软件平台，因其便捷性、开放性、即时性等特征，迎合了年轻人追求个性、追求效率等需求。青年学生利用网络微媒体

---

① 付全高. 公共治理中的公民网络参与研究[D]. 南京大学硕士论文，2014：25.

平台，关注时事，发表个人见解，表达个人意愿，参与社会治理，已经越来越成为一种普遍的现象。西方学术界正流行一种新公民（new civics）教育思想，其核心思想之一是青年借助网络媒体，解决当前西方青年投票率不高、政治参与度过低的问题。在社会主义民主政治建设中，如何利用网络促进当代青年学生的社会参与并增强其政治认同感和社会认同感已成为一个时代课题。

网络媒体是把双刃剑，它一方面丰富了当代青少年学生的参与渠道，契合了青少年的个性化参与需求，为青少年的社会参与带来便利性和多样性。但是网络媒体以其技术开放性、信息海量化、不可控制的传播速度、碎片化信息传播等特性，给当代青少年学生的政治认同和国家认同带来一定的挑战。第一，网络媒体的开放性使得不同政治立场和利益代表的声音在网络传播，为青少年提供了多元价值选择，也给尚未形成成熟鉴别能力的青少年带来认同的困惑和迷茫。多元思想相互夹杂，有可能冲击主流价值，一定程度上消解了青少年国家认同。第二，信息传播的海量化和即时性破坏了学生对事物的整体性认识。刷屏成为不少当代青少年信息浏览的主要方式，由此使青少年对事物的认识缺乏深刻性，对信息浅尝辄止，缺乏深入研究和交流的驱动力，并可能引发青少年的非理性认知与参与。第三，网络管理体制的不健全，信息筛选机制不完善，网络公知、历史虚无主义者等活跃于网络，其国家观念、政治态度、政治选择对当代青少年学生的政治观念和国家认同产生了巨大冲击。

第一，引导青少年掌握网络媒体知识，了解网络媒体的特点，提高个人责任意识与认知能力

善用其器，必先知其物。要使用好网络，就必须对网络媒体本身有很好的了解，掌握好现代网络信息技术知识。与不熟悉网络文化与网络媒体知识的同学相比，熟悉网络媒体的大学生会表现出更大程度的热情并积极地加以应用，有更强烈的网络参与意识。学校要通过相应的课程、讲座等形式，帮助学生掌握网络参与的知识与能力，形成

理性辨别多元信息的能力，让学生群体对网络社会具备充分的认知和参与能力。同时，也应引导学生承担网络参与责任，培养网络道德，规范网络行为，让青少年认识到互联网并不是法外之地，在网络中进行的各项活动也需要承担相应的责任。帮助学生树立正确的价值观念，以理性态度参与网络讨论，用法律约束自我，从众多信息中提炼有效观点，进行有效、有价值的意见互动。

第二，推进相应的制度建设，规范网络参与行为

面对网络媒体的迅猛发展，应完善相应的制度建设，为青少年网络参与提供良好的舆论环境，同时规范其网络参与行为，提高学生的网络规范意识。一方面国家要加强对网络媒体信息的监管，从源头上遏制恶意信息的产生和传播，建立合理的信息筛选机制，加强网络安全防护。另一方面，建立网络舆情的引导机制，用正确的政治价值取向对青少年进行正面的教育和引导，鼓励理性网络参与行为。关注青少年群体的情绪发展与心理健康，促进青少年理性网络参与的能力发展。

第三，线上与线下结合，拓宽青少年学生网络参与渠道

网络由于虚拟性等特征，自然有自身难以克服的缺陷。网络参与与实体公共参与相结合，充分发挥两者的优势，不仅可以克服网络参与的虚拟性，而且可以更充分地发挥实体公共参与的有效性和权威性，从而更好地调动青年大学生参与的积极性，提高参与效率。一个健全有力的组织及其有力的领导是任何制度顺利实施的重要保障。国家应该畅通社会参与的渠道，使青少年学生在对于政府部门的制度、规则等充分了解的基础上提出自己的建议和意见，同时建立畅通的政府沟通平台，例如在政府媒体平台上增加互动栏目等方式，并不断完善和更新回应方式，引导青少年的价值取向和政治认同，实现政府部门与青少年社会认同之间的良好互动。这种互动不仅仅局限于校外的公共参与，还应在更贴近学生生活的校园中拓展网络参与渠道，激发学生参与积极性。学校可以通过拓展各类形式的参与平台，鼓励学生

积极参加。如通过学校论坛征集意见帖、举办各类听证会、开设“政治角”等活动，让青少年学生通过网络媒体、线下听证等活动有序地参与高校治理。

参考文献

一、中文文献

1 [德]马克思，恩格斯．马克思恩格斯全集：第16卷[M]．北京：人民出版社，1993.

2 [德]马克思，恩格斯．马克思恩格斯全集：第19卷[M]．北京：人民出版社，1993.

3 [苏]列宁．列宁选集：第四卷．[M]．中央编译局，编译．北京：人民出版社，1995.

4 [苏]斯大林．斯大林全集：第2卷[M]．北京：人民出版社，1953.

5 [古希腊] 亚里士多德．政治学[M]．吴寿彭，译．北京：商务印书馆，1996.

6 [美]泰勒·C. 自我的根源：现代认同的形成．韩震，等译．南京：译林出版社，2001.

7 [美] 约翰•肯尼斯•加尔布雷思．美好社会[M]．王中宏，等译．南京：译林出版社，2000

8 [美]本尼迪克特·安德森．想象的共同体：民族主义的起源与散布[M]．吴叡人，译．上海：上海人民出版社，2003.

9 [美]白鲁恂·派伊．政治发展面面观[M]．任晓，等译．天津：天津人民出版社，2009.

10 [美]C.E. 布莱克．现代化的动力——一个比较史的研究[M]．景跃进，等译．杭州：浙江人民出版社，1989.

11 [美]塞缪尔·P. 亨廷顿．变动社会中的政治秩序[M]．王冠华，译．北京：生活·读书·新知三联书店，1989.

12 [美]塞缪尔·P.亨廷顿.第三波——20世纪后期民主化浪潮[M].刘军宁,译.上海:上海三联书店,1998.

13 [美]萨缪尔·P.亨廷顿.我们是谁?美国国家特性面临的挑战[M].程克雄,译.北京:新华出版社,2005.

14 [美]迈克尔·桑德尔.民主的不满:美国在寻求一种公共哲学[M].曾纪茂,译.南京:江苏人民出版社,2008.

15 [美]约瑟夫·R.斯特雷耶.现代国家的起源[M].华佳,等译.上海:上海人民出版社,2012.

16 [美]乔纳森·弗里德曼.文化认同与全球化过程[M].郭建如,译.北京:商务印书馆,2003.

17 [美]托克维尔.论美国的民主[M].董果良,译.北京:商务印书馆.1988.

18 [美]艾伦·布卢姆.美国精神的封闭[M].战旭英,译.南京:译林出版社.2007.

19 [美]托马斯·雅诺斯基.公民与文明社会[M].柯雄,译.沈阳:辽宁教育出版社,2000.

20 [美]费正清.伟大的中国革命:1800-1985[M].刘尊棋,译.北京:世界知识出版社,2000.

21 [美]齐格蒙·鲍曼.生活在碎片之中[M].郁建兴,等译.上海:学林出版社,2002.

22 [美]克罗齐.民主的危机[M].马殿军,译.北京:求实出版社,1989.

23 [美]C.赖特·米尔斯.社会学的想象力[M].陈强,等译.北京:生活·读书·新知三联书店,2001.

24 [美]科恩.论民主[M].聂崇信、朱秀贤,译.北京:商务印书馆,1988.

25 [美]理查德 D.范思科等.美国基础教育 社会展望[M].北京师范大学外国教育研究所,译.北京:教育科学出版社,1984.

26 [美]加布里埃尔·阿尔蒙德.比较政治学:体系、过程和政策[M].曹沛霖,等译.上海:上海译文出版社,1987.

27 [美]马斯洛等.人的潜能和价值[M].林方,等编译.北京:华夏出版社,

1987.
28 [英]约翰·密尔.代议制政府[M].汪瑄,译.北京:商务印书馆,1982.
29 [英]约翰·洛克.政府论[M].杨思派,译.北京:九州出版社,2007.
30 [英]安东尼·吉登斯.现代性的后果[M].田禾,译.南京:译林出版社,2000.
31 [英]安东尼·吉登斯.现代性与自我认同[M].赵旭东,等译.北京:生活·读书·新知三联书店,1998.
32 [英]安东尼·吉登斯.民族—国家与暴力[M].胡宗泽,等译.北京:生活·读书·新知三联出版社,1999.
33 [英]安东尼·吉登斯.全球化时代的民族国家[M].郭忠华,译.南京:江苏人民出版社,2010.
34 [英]安东尼·吉登斯.失控的世界:全球化如何重塑我们的生活[M].周红云,译.江西人民出版社,2001.
35 [英]尼克·史蒂文森.文化与公民身份[M].陈志杰,译.长春:吉林出版集团有限责任公司,2007.
36 [英]安德鲁·甘布尔.政治与命运[M].胡晓进,等译.南京:江苏人民出版社,2007.
37 [英]埃里克·霍布斯鲍姆.民族与民族主义[M].李金梅,译.上海:上海人民出版社,2000.
38 [英]安东尼·D.史密斯.全球化时代的民族与民族主义[M].龚维斌,等译.北京:中央编译出版社,2002.
39 [英]戴维赫尔德等.全球大变革—全球化时代的政治、经济和文化[M].杨雪东,等译.北京:社会科学文献出版社,2001.
40 [英]德里克·希特.何谓公民身份[M].郭忠华,译.长春:吉林出版集团,2007.
41 [英]德里克·希特.公民身份:世界史、政治学与教育学中的公民理想[M].郭台辉,译.长春:吉林出版集团,2010
42 [英]戴维·米勒,韦农·波格丹诺.布莱克维尔政治白科全书[M].邓正来,等译.北京:中国政法大学出版社,1992.

43 [英]戴维·米勒.论民族性[M].刘曙辉,译.南京:译林出版社,2010.

44 [英]埃里克·霍布斯鲍姆.民族与民族主义[M].李金梅,译.上海:上海人民出版社,2000.

45 [英]埃里克·霍布斯鲍姆. 资本的年代(1848-1875)[M].张晓华,等译.南京:江苏人民出版社,1999.

46 [英]安迪·格林.教育、全球化与民族国家[M].朱旭东,徐卫红,等译.北京:教育科学出版社,2004.

47 [英]厄内斯特·盖尔纳. 民族与民族主义[M].韩红,译.北京:中央编译出版社,2002.

48 [英]戴维·米勒.论民族性[M].刘曙,译.南京:译林出版社,2010.

49 [英]德里克·希特.公民身份:世界史、政治学与教育学中的公民理想[M].郭台辉,译.长春:吉林出版集团有限责任公司,2010.

50 [英]迈克·费瑟斯通.消费文化与后现代主义[M].刘精明,译.南京:译林出版社,2000.

51 [英]齐格蒙·鲍曼.生活在碎片之中[M].郁建兴,等译.上海:学林出版社,2002.

52. [英]安东尼·阿巴拉斯特.西方自由主义的兴衰[M].曹海军,等译.吉林人民出版社,2002.

53 [英]罗素.罗素论幸福人生[M].杨玉成,等编译.北京:世界知识出版社,2007.

54 [加]查尔斯·泰勒.自我的根源:现代认同的形成[M].韩震,等译.南京:译林出版社,2001.

55 [加]查尔斯·泰勒.现代性之隐忧[M].程炼,译.北京:中央编译出版社,2001.

56 [加]威尔·金里卡.少数的权利——民族主义、多元文化主义和公民[M].邓红风,译.上海:上海世纪出版集团,2005.

57 [加]威尔·金里卡.当代政治哲学(下)[M].刘翠,译.上海:上海三联书店,2004.
58 [法]涂尔干.社会分工论[M].渠敬东,译.北京:生活·读书·新知三联书店,2000.
59 [法]卢梭.社会契约论[M].何兆武,译.北京:商务印书馆,2003.
60 [法]吉尔德拉若瓦.民族与民族主义[M].郑文彬,等译.上海:上海三联书店,2005.
61 [德]黑格尔.历史哲学[M].王造时,译.北京:生活·读书·新知三联书店,1956.
62 [德]乌尔里希·贝克.全球化危机[M].孙治本,译.台北:台湾商务印书馆,1999.
63 [德]乌尔里希·贝克.风险社会[M].何博闻,译.南京:译林出版社,2004.
64 [德]尤尔根·哈贝马斯.包容他者[M].曹卫东,译.上海:上海人民出版社,2002.
65 [德]尤尔根·哈贝马斯.后民族结构[M].曹卫东,译.上海:上海人民出版社,2002.
66 [德]尤尔根·哈贝马斯.在事实与规范之间:关于法律和民主法治国的商谈理论[M].童世骏,译.北京:生活·读书·新知三联书店,2003.
67 [德]威廉·冯·洪堡特.论人类语言结构的差异及其对人类精神发展的影响[M].钱敏汝,译.北京:商务印书馆,1997.
68 [德]马克思·韦伯.经济与社会[M].林荣远,译.北京:商务印书馆,1997.
69 [德]乌申斯基.乌申斯基教育文选[M].郑文樾,编选.张佩珍,等译.北京:人民教育出版社.1991.
70 [以]耶尔·塔米尔.自由主义的民族主义[M].陶东风,译.上海:上海译文出版社,2005.
71 [俄]瓦列里·季什科夫.苏联及其解体后的族性、民族主义及冲突——炽热的头脑[M].姜德顺,译.北京:中央民族大学出版社,2009.

72 [俄]乌申斯基.乌申斯基教育文选[M].郑文樾,编选.张佩珍,等译.北京:人民教育出版社,1991.

73 [苏]B.A.苏霍姆林斯基.给教师的一百条建议[M].杜殿坤,编译.天津:天津人民出版社,1981.

74 [西]萨瓦特尔.政治学的邀请[M].巍然,译.北京:北京大学出版社,2014.

75 [意]朱塞佩·马志尼著.论人的责任[M].吕志士,译.北京:商务印书馆,1995.

76 邓小平.邓小平文选[M].第二版.第二卷.北京:人民出版社,1993.

77 习近平.习近平谈治国理政:第一卷[M].北京:外文出版社,2014.

78 习近平.习近平谈治国理政:第二卷[M].北京:外文出版社,2017.

79 习近平.习近平谈治国理政:第三卷[M].北京:外文出版社,2020.

80 中共中央文献研究室.十八大以来重要文献选编(中)[M].北京:中央文献出版社,2016.

81 (梁)萧子显.南齐书[M].北京:中华书局,1972.

82 费孝通.中国民族多元一体格局[M].北京:中央民族大学出版社,1999.

83 钱穆.中国文化史导论[M].北京:商务印书馆,1994.

84 梁启超.饮冰室合集[M].北京:中华书局,1936.

85 晏辉.公共生活与公民伦理[M].北京:北京师范大学出版社,2007.

86 费孝通.乡土中国 生育制度[M].北京:北京大学出版社,1998.

87 韦诗业.民族认同与国家认同的和谐关系建构研究[M].北京:中央编译出版社,2017.

88 应星,李猛.社会理论:现代性与本土化[M].北京:生活·读书·新知三联书店,2011.

89 贾春增.外国社会学史[M].北京:中国人民大学出版社,2000.

90 李友梅,等.社会认同:一个结构视野的分析[M].上海:上海人民出版社,2007.

91 彭丰文.两晋时期国家认同研究[M].北京:民族出版社,2009.
92 江宜桦.自由主义、民族主义与国家认同[M].台北:扬智文化事业股份有限公司,1998.
93 伍庆.消费社会与消费认同[M].北京:中国社会科学出版社,2009.
94 檀传宝等.公民教育引论[M].北京:人民出版社,2011.
95 李志东.新加坡国家认同研究(1965—2000)[M].北京:中国人民大学出版社,2014.
96 李宏图.西欧近代民族主义思潮研究——从启蒙运动到拿破仑时代[M].上海:上海科学院出版社,1997.
97 郑航.国家认同与爱国主义教育[M].广州:中山大学出版社,2016.
98 陈清乔.身份认同与公共文化[M].香港:牛津大学出版社,1997.
99 王成兵.当代认同危机的人学解读[M].北京:中国社会科学出版社,2004.
100 复旦大学历史学系、复旦大学中外现代化进程研究中心编.近代中国的国家形象与国家认同[M].上海:上海古籍出版社,2003.
101 岳天明.政治合法性问题研究——基于多民族国家的政治社会学分析[M].中国社会科学出版社,2006.
102 时和兴.关系、制度、限度:政治发展过程中的国家与社会[M].北京:北京大学出版社,1996.
103 暨爱民.国家认同建构——基于民族视角的考察[M].北京:社会科学文献出版社,2016.
104 上官酒瑞.国家治理现代化[M].北京:经济科学出版社,2019.
105 王兆璟.西方民族主义教育思潮[M].北京:民族出版社,2006.
106 王希恩.民族过程与国家[M].兰州:甘肃人民出版社,1998.
107 宁骚.民族与国家:民族关系与民族政策的国家比较[M].北京:北京大学出版社,1995.
108 尹保云.知识分子立场——民族主义与转型中国的命运[M].北京:时代文艺出版社,2000.

109 侯灵战.时间符号与民族认同[J],读书,2001(10).
110 单中惠.西方教育思想史[M].太原:山西人民出版社,1996.
111 王焱.宪政主义与现代国家[M].上海:上海三联书店,2003.
112 李宏图.西欧近代民族主义思潮研究——从启蒙运动到拿破仑时代[M].上海:上海科学院出版社,1997.
113 王逸舟.当代国际政治析论[M].上海:上海人民出版社,1995.
114 徐贲.通往尊严的公共生活[M].北京:新星出版社,2009.
115 江国华.宪法与公民教育[M].武汉:武汉大学出版社,2010.
116 杨仁忠.公共领域论[M].北京:人民出版社,2009.
117 陈章龙、周莉.价值观研究[M].南京:南京师范大学出版社,2004.
118 王焱.宪政主义与现代国家[M].北京:生活·读书·新知三联书店,2003.
119 许纪霖.公共性与公民观[M].南京:江苏人民出版社,2006
120 杨仁忠.公共领域论[M].北京:人民出版社,2009.
121 [美]杜威.人的问题[M].傅统先,等译.上海:上海人民出版社,1965.
122 暨爱民.国家认同建构——基于民族视角的考察[M].北京:社会科学文献出版社,2016.
123 陈新仁.全球化语境下的外语教育与民族认同[M].北京:高等教育出版社,2008.
124 胡玉荣.价值观纬度下的民族认同与国家认同[M].北京:社会科学文献出版社,2019.
125 汪辉、陈燕谷.文化与公共性[M].北京:生活·读书·新知三联书店,1998.
126 檀传宝.中国公民教育评论(2016)[M].北京:社会科学文献出版社,2016.
127 [挪威]佛里德里斯·巴斯.族群与边界[J].高崇,译.广西民族学院学报,1999(1).
128 [英]安东尼·吉登斯.全球时代的民族国家[J].郭忠华,何莉君,译.中山大学学报(社会科学版),2008(1).
129 [英]鲍伯·杰索普.重构国家、重新引导国家权力[J].求是学刊,2007(4).
130 费孝通.重建社会学与人类学的回顾和体会[J].中国社会科学,2000(1).
131 韩震.全球化、现代消费和人的认同[J].江海学刊,2005.
132 韩震.论国家认同、民族认同及文化认同[J].北京师范大学学报(社会科学版),2010(1).
133 韩震.全球化时代的公民教育与国家认同及文化认同[J].社科战线,2010(5).
134 郭艳.全球化时代的后发展国家:国家认同遭遇"去中心化" [J] .世界经济与政治,2004(9).
135 程人乾. 论近代以来的世界民族主义[J].世界历史,1996(1).
136 佐斌.论儿童国家认同感的形成[J].教育研究与实验,2000(2).
137 许纪霖.共和爱国主义与文化民族主义——现代中国的两种民族国家认同观[J],华东师范大学学报,2006(4).
138 肖滨.两种公民身份与国家认同的双元结构[J].武汉大学学报(哲学社会科学版),2010(1).
139 宁德业等.增进民族文化认同:提升文化软实力的硬要求[J].理论导刊,2014(02).
140 翟志勇.中华民族认同与中国认同——论宪法爱国主义[J].政法论坛,2010(2).
141 李明安.试析欧洲认同与民族认同的关系[J] .欧洲研究,2005(3).
142 王虎学.多元社会的价值重建[J].北京师范大学学报(社会科学版),2011.
143 周平.论中国的国家认同建设[J].学术探索,2009(6).
144 新伟,陈占芳.中华民族国家认同状况调查报告[J].新疆大学学报,2014(5).

145 高德胜. 公众及培育[J].华中师范大学学报(人文社科版),2011(1).
146 韩轶.从"民族认同"到"宪法认同"——立宪主义视角下民族与国家之间关系之反思与重构[J].法学评论,2011(3).
147 李钢.论社会转型的本质与意义[J].求实,2001(1).
148 檀传宝,等.中学生国家认同与公民教育现状年度调查报告[R].北京师范大学公民与道德教育研究中心,2012.
149 新伟,陈占芳.中华民族国家认同状况调查报告[J].新疆大学学报,2014(5).
150 葛兆光.重建关于"中国"的历史论述——从民族国家中拯救历史,还是在历史中理解民族国家?[J].二十一世纪(香港),2005(8).
151 徐勇."回归国家"与现代国家的建构[J].东南学术,2006(4).
152 陈来.论中华民族爱国主义精神[J].哲学研究,2019(10).
153 马文琴.全球化时代的国家认同教育[J].教育学术刊,2008(10).
154 崔新建.文化认同及其根源[J].北京师范大学学报》(社会科学版),2004(4).
155 曾水兵.加强中学生国家认同教育的理性思考[J].中国教育学刊,2012(11).
156 曾水兵.国家认同教育的若干问题思考[J].中国教育学刊,2013(10).
157 丁锦宏.道德教育中的叙事方法探究[J].思想·理论·教育,2003(12).
158 李慎之.中国文化传统与现代化[J].战略与管理,2000(4).
159 王虎学.多元社会的价值重建[J].北京师范大学学报(社会科学版)[J],2011(5).
160 高峰.美国公民教育的基本内涵[J].比较教育研究,2005(5).
161 胡鞍钢,王磊.经济增长对社会稳定的双向效应[J].湖南社会科学,2005(6).
162 张敏,杜时忠. 学校教育的公共性危机与学校公民教育困境[J].江汉论坛,2012(5).
163 张江华.卡里斯玛、公共性与中国社会[J].中国社会科学文摘,2011(1).

164 周如南. 小悦悦事件背后:佛山五金城生态的人类学观察[J].黄金时代,2011(11)
165 孙小慧,等.台湾民众“国家认同”变迁及其成因分析——基于叙事认同理论的视角[J].上海研究,2020(04)
166 付全高.公共治理中的公民网络参与研究[D].南京大学,2014.
167 郑志发. 经济全球化视域中的爱国主义教育[D].广州:中山大学,2005.
168 严庆.从冲突到整合—民族政治关系模式研究[D].北京:中央民族大学,2010.
169 严义娟.在内地学习的维吾尔族青少年的民族认同与社会适应[D].华中师范大学,2008.
170 习近平.在首个国家宪法日到来之际做出的批示[N].人民日报,2014-12-04.
171 习近平.在纪念孔子诞辰2565周年国际学术研讨会暨国际儒学联合会第五届会员大会开幕会上的讲话[N]人民日报,2014-9-25.
172 习近平.在纪念五四运动100周年大会上的讲话[N].人民日报,2015-05-01.
173 习近平.在第十三届全国人民代表大会第一次会议上的讲话[EB/OL] http://www.gov.cn/xinwen/2018-03/20/content_5276002.htm
174 符懋濂.族群认同、文化认同与国家认同[N].新加坡联合早报,1999,12-21.
175 梅培军,彭小明.发挥语文教材国家认同意识培育的功能[N].中国社会科学报,2021-06-16.
176 梅培军,彭小明.发挥语文教材国家认同意识培育的功能[N].中国社会科学报,2021-06-16.
177 钱理群.北大正在培养利己者,他们掌权比贪官危害更大[N].中国青年报,2012-5-3(1).
178 王耀辉,等.中国国际移民报告(2012)No.1[R].北京:社会科学文献出版社,2012.
179 檀传宝."在地图上旅行",让青少年亲近一个真实伟大的中国[EB/OL]. https://www.bnu.edu.cn/ttgz/87789.htm,2018-05-31.
180 腾讯网.疫情之下,世界的财富流向了哪里[EB/OL].https://new.qq.com/omn/20210317/20210317A0CBF200.html
181 赵明昊.英国大选将近,西方"投票民主"渐显疲态[EB/OL]中国新闻网 https://www.chinanews.com.cn/gj/2015/04-20/7218512.shtml

二、外文文献

182 Joseph R. Strayer. On the Medieval Origins of the Modern State[M], Princeton, N.J., Princeton University Press, 1970.
183 Piaget & Weil. The Development in Children of the Idea of the Homeland and of Relation to Other Counties. International social Journal[J], 1951(3).
184 Jürgen Habermas. Citezenship and National Identity: The Condition of Citizenship[M]. London: Sage Publications, 1994.
185 Seton-Watson, Hugh. Nations and States, an Enquiry into Origins of Nations and the Politics of Nationalism[M]. London: Methuen & Co. Ltd., 1977.
186 Tomey Purte. The International Encyclopedia of Education[M]. New York: Pergamon Press, 1985.
187 Giddens. Modernity and Self-Identity: Self and Society in the Late Modern Age[M]. Cambridge: Polity press, 1991.
188 John Tomlinsom. Cultural Imperialism[M] Baltimore: The Johns Hopkins University Press, 1991.
189 The Institute of Politics of Harvard University. A national survey of college and university undergraduate[R]. The Harvard Political Review, Spring 2001.

190 George Modelski. Long Cycles in World Politics[M]. Seattle: University of Washington Press, 1987.

191 Carlton J.H.Hayes. Essays on Nationalism[M]. The Macmillan Company, 1928.

192 Tom Naim. The Break-up of Britain: Crisis and Neo-Nationalism[M]. London: Verso, 1997.

193 John Schwarzmantel. The Age of Ideology[M]. New York state University Press, 1998.

194 David Miller. On Nationality[M]. Oxford: Clarendon Press, 1995.

195 Jonathan Rutherford(ed). Identity: Community, Culture, Difference[M]. Lawrence & Wishart, 1990.

196 Elmer Harrison Wilds. The Foundation of Modern Education[J]. New York: Rinchart & company,1950.

197 Jean-Jacques Rousseau. Considerations on the Government of Poland and Its Proposed Reformation[G]// Watkins, J. ed, Rousseau: Politcal wittings, Newyork: Nelson press, 1953.

198 Leon Simon. Selected Essays by Ahad Ha-am[C]. Philadelphia: The Jewish Publication Society of America, 1912.

199 Riaz Hassan. Singapore:Society in Transition[M]. Oxford Press, 1981.

200 Charles Taylor. Cross-purposes: The Liberal-Communitarian Debate in Philosophical Augmentt[M]. Cambridge Mass: Harvard University Press, 1995.

201 Adrian Oldfield. Citizenship and Community: Civic Republicanism and the Modern World[M]. London:Routledge, 1990.

202 White, P.A.Education, Democracy and the Public Intrest[G]//R.S.Peters. Philosophy of Education, Oxford: Oxford University Press, 1973.

203 Richard Pratte. The Civic Imperative: Examining the Need for Civic Education[M]. New York: Teachers college, Columbia University, 1988.

204 Marshall, T. H. and Bottonmore, T. Citizenship and Social Class[M]. London and Concod, MA: Pluto Press, 1992.

205 Charles Taylor. Cross-Puposes: The Liberal-Communitarian Debate in Philosophical Arguments[M]. Cambridge: Harvard University Press, 1995.

206 Michael Oakeshott. Political Education[M].// James. Arthor & Ian Davies. Citizenship Education(Vol. 1): The Purpose of Citizenship Education. London: SAGE Publications Ltd, 2008.

207 Heater Derek. A history of Education for Citizenship[M]. Taylor& Francis Group, 2004.

208 Gellner, E. Thought and Change[M]. London: Weidenfeld & Nicolson, 1971.

209 Calhoun, Craig(ed.). Social Theory and Politics of Identity[M]. Oxford: Blackwess, 1994.

210 Benhabit, Seyla. The Rights of Others: Aliens, Residents and Citizens [M]. Cambridge: Cambridge University Press, 2004.

后　记

本书是在我的博士后报告基础上修改而成的。国家认同教育在民族国家中是一个融合了无限智慧、充满无限挑战的时代性课题。选择这个课题，也意味着选择一条需要付出更多努力和艰辛的学术之路。显然，民族和政治维度不是国家认同的全部，但是一定是最为重要的两个维度。论题源于当初参与自己所在博士后流动站——北京师范大学公民与道德教育研究中心承担的一个有关中学生国家认同教育调查的课题研究。记得自己提出这个选题时，合作导师檀传宝教授当即肯定并表示出浓厚的兴趣。面对这样一个当下颇为前沿的论题，我立即查找资料展开论证，顺利开题，显得踌躇满志。但是，随着研究的深入，起初的兴奋逐渐褪去，剩下的是一次次的困顿和窘迫。课题的复杂性大大超出了我的预想。加上工作和其他事情的干扰，写作过程断断续续，让我体会到从没有过的艰难，承诺按时完成的任务总是一拖再拖。最后由于时间的紧迫，不得不提前结题。又因为各种原因，出版的过程更加曲折。从最初筹备到最后出版，经历了多次修改。即使如此，最后呈现在读者面前的可能还是一个不太成熟的“孩子”，甚至有些地方还未发育完全。内心虽然渴望化茧成蝶，美丽总是不可企及。不安、愧疚、歉意，各种感觉齐涌心头。

非常庆幸自己能在博士毕业三年后又拥有一段完全独立的学习时光。我首先要对我的博士后合作导师檀传宝教授致以最诚挚的敬意。因为一次学术会议的偶遇，我毅然决定投身于檀老师门下，非常幸运的是檀老师接纳了我。檀老师是一位难得的集诗人浪漫气质与学者敏锐思维品质于一身的人师。他对学生有严格要求，亦有关爱包容。难忘在老师书房享受的每一次精神盛宴，浓茶相伴、书香环绕，师友的警句良言如醍醐灌顶，沁人心脾。中心每月一次的例会，程序式的个人学习情况汇报虽让人内心忐忑，但也是一种有力的自我鞭策。在我报告写作停顿时，檀老师常常几句点拨就让我豁然开朗，柳暗花明。对我这样一个大龄“学生”,老师给予了特别理解与宽容。

感谢博士后报告开题中给予我帮助的袁桂林教授、康永久教授，他们的真知灼见给我太多的启发。中心的王啸教授，一个具有自由情怀的优秀青年学者，他对我的影响其实从我的博士生研究阶段就已经开始。与他的交往中，你会时刻感觉到他满怀激情的自由民主气质和浓厚的爱国情怀。班建武老师亦师亦友，乐于去帮助身边的每位同学，是大家都信赖的“班师兄”。感谢博士后同门的刘俊杉和陈苗苗，和他们一起并肩作战的日子难以忘怀。在北京师范大学公民与道德教育研究中心这个优秀学术群体中，我感受到了严谨轻松的学术氛围，温馨和谐的人际关系。作为一个大龄“同学”能有幸重新结识一批年轻而优秀的学弟学妹，确是人生幸事。我不敢说这是最优秀的学术群体，但是我可以肯定的是这是我所体验到的一个最纯洁的群体。我为自己有幸成为其中一员感到骄傲和自豪。

感谢北京师范大学教育学部的老师和工作人员。在这里的两年中，我深刻体会到一流的科研教学、一流的管理服务效率，以及一流的大学文化。京师校园为我的两年经历打下了最为浓厚的底色。

在北京期间，我的工作单位江西师范大学教育学院尽量减少我的工作负担，给予我充分的信任和支持。

感谢家人的无私奉献与默默支持，他们创造了最好的条件使我能全心专注于自己的工作与学习。我远在家乡的父亲和母亲虽年过花甲，仍然在土地上辛勤劳作。隐忍、乐观、豁达、朴实，这些体现在中国农民身上的闪光点，不知不觉地感染着我，成为我前行的动力源泉。

本书的出版，还要感谢浙江教育出版社的王凤珠老师和洪滔老师，他们为本书的出版付出了辛勤的劳动，没有他们的大力支持和热心帮助，此书不会如此顺利地出版。

本书在写作过程中，参考了很多相关学者的研究成果，在此表示衷心感谢。由于个人水平有限，本书难免存在一些不足之处，书中的一些观点也有一些疏漏或者不当之处，恳请读者能够提出批评指正。

二零二二年二月五日于南昌